歷史變革
關鍵報告

農業起源、帝國改制、亂世變法、民族抗爭、宗教改革，
從新石器時期到二十世紀，決定人類歷史演變的革命性事件

U0075112

蔣耀江，林之滿，蕭楓 主編

變法 × 統一 × 革命 × 改制
如果沒這些變革，世界究竟會如何？

輕徭薄賦，明法寬刑！劉恆開創西漢文景之治；
戰國稱雄，要在強兵！春秋戰國時期吳起的變法；
反專制暴政，反民族壓迫！廣捲歐洲的 1848 年革命

目錄

目錄 ───────────────────

目錄 ────────────────────────

目錄

人類歷史上第一次偉大的革命——
新石器時期的農業起源

　　你能找到當今野生禾本植物與我們餐桌上的白米飯和白面饅頭的共同點嗎？你能把我們現在常見的狗尾草、路邊雜草和農業起源連繫起來嗎？你知道為什麼只有一部分野生動物能夠成為我們重要的肉食來源——家畜嗎？多少年來，生物學家和考古學家都在努力地從他們各自的學科出發，研究人類是如何從原始的漁獵採集經濟向農業經濟過渡，並一步一步走向農業社會的。他們試圖回答，人類為什麼在幾乎相同的時間（西元前 10000 年左右）在世界上的不同地區出現農業。

　　據考古資料表明，在西元前 10000 年左右，在近東地區（指鄰近歐洲的東方）、東亞地區以及中北美洲都能看到一些反映古老先民從事農業耕作和享受農業成果的訊息，比如，在亞洲西南部的賈爾莫遺址發現了 10000 年前野生小麥、大麥、豆類等植物遺存和山羊、綿羊、牛等的動物骨骼，還發現工具組合包括石鐮、磨石和其他耕作用工具。考古學家在中國湖南省道縣玉蟾岩遺址發現了一些稻殼，根據稻穀殼表面雙峰乳突形態的鏡下分析，研究者認定它們是一種兼有

人類歷史上第一次偉大的革命─新石器時期的農業起源

野、秈、粳特徵，由野生稻向栽培稻初期演化過程中的最原始的古栽培稻類型。在中北美洲考古證實，玉米起源於一種生長在 5000 年前墨西哥米卻肯州巴爾薩斯河流域的野生黍類，這種黍類變異性較強，經過墨西哥人數千年的培育，成為今天擁有數百品種的玉米。

在遙遠的舊石器時代，生產力極其低下，人們的食物來源主要依靠狩獵和採集，其生活要以當地野生植物和野生動物提供的多少為轉移，缺乏一種穩定的來源。而農作物的栽培和動物的馴養，意味著人類開始用自己生產的食品來代替自然提供的野生食物，從而結束了漁獵採集時代，開創了一個嶄新的時代 —— 農業時代。這個時代的開始被英國著名的考古學家戈登·柴爾德（Victor Gordon Childe）稱為「新石器革命」。考古學家自從十八世紀就開始探討農業起源問題，紛紛提出了各種假說和理論。這些假說和理論大體上可分為兩類：一類是側重於環境，特別是冰期後的氣候變化，對農業起源的決定性作用，如綠洲說、原生地說、新氣候變化說；另一類則是側重於人口壓力對農業起源的促進作用，如人口壓力說、周緣地帶說、享宴說。這些假說和理論的豐富和完善在不斷提高我們對於農業起源的了解。

為何發生？又如何發生？

一般來說，農業起源包括兩個方面的內容：一是栽培作

物的起源；二是家畜的起源。

　　就栽培作物的起源，考古學家認為，人類試圖栽培作物必須具備客觀和主觀兩個條件：客觀條件是該地必須發現有栽培作物的野生祖先物種，並且當地具備適於栽培作物及其野生祖先物種生長發育的氣候與環境條件。野生植物資源是農業得以發生的先決條件。在主觀上，只有當人們在較長時間內對野生作物的習性有了了解和認識，具備了一定的技術能力，並且自然資源不足以養活日益增加的人口時，人類才會有對野生作物進行人工培育的念頭。比如，對現代野生稻資源的相關調查表明：與栽培稻關係最密切的普通野生稻分布在中國華南地區，特別是湖南茶陵江西東鄉兩地的野生稻的發現將野生稻的分布範圍擴展到了長江中下游地區。在江西萬年仙人洞和吊桶環的新石器時代早期遺址中，發現有類似稻屬植矽石。有學者認為中國南方即秦嶺 —— 淮河以南的腹心地區，就是栽培稻的起源地區。對這些地區考古遺址的動物骨骼的鑒定、孢粉分析結果發現，當時的氣候條件可能比現在更加溫暖，野生動植物資源十分豐富。這種豐富的野生動植物資源以及適宜的氣候，為栽培稻的產生提供了優越的環境條件。對於粟類作物，其遺存在黃河流域的考古學文化中也並不少見，如河北磁山、河南裴李崗都發現有一定數量的粟粒、粟殼或是炭化粟粒。有學者認為，栽培粟可能

人類歷史上第一次偉大的革命—新石器時期的農業起源

於西元 8000 年前後在太行山東側及燕山的山谷平原地帶率先發生的。植物遺傳學和考古學研究表明：栽培小麥起源於西亞，早在西元 7000 年前，當時居民就已知栽培二粒小麥、單粒小麥以及二棱有稃大麥。而玉米則一般認為起源於中北美洲，約在西元前 4000 年前，當地的科奇斯文化的居民就開始種植玉米，玉米從一種不為人知的野生黍類成了世界第三大糧食來源。

對家畜的起源，一般認為，在新石器時代早期，人們在狩獵活動中逐漸了解和認識了他們所接觸到的動物的生活習性、生長發育、繁殖方式，掌握了動物活動的規律，透過接近、接觸、圍養、圈養等方式，懂得了動物的家化和馴養。和栽培作物一樣，考古學者認為，最初的動物馴養當以人類生活棲息地周圍有可供馴養的野生動物資源為先決條件，另外就是當地應當有適合於這些動物賴以生存和繁衍所需的食物來源（野生的或人工種植的植物為主），以及適宜的自然地理氣候條件。狗是馴化最早的動物，根據中國學者與瑞典學者最近利用粒線體 DNA 研究的結果推測，狗起源於廣布於北溫帶地區東北亞的狼，狗馴化的大約年代在西元前160000 至西元前 12000 年。早期的狗可能為人獵捕食物提供幫助。家豬起源於野豬的年代可以追溯到西元前 7000 多年前。根據研究推測，家豬起源的野豬亞種主要為南亞地區分

布的條紋豬和分布於歐洲的歐洲野豬。中國家豬的起源主要從華北野豬和華南野豬經過六七千年馴化而成。有人在屬於西元前 9000 年的兩河流域美索不達米亞文明遺址的大量獸骨中，發現了少量家養綿羊的骨頭，還在同時期近東的其他遺址獸骨中發現了大量屬於一歲左右的雄性幼羊的骨頭，甚至還在屬於西元前 8000 年的甘吉·達勒遺址中，在一塊泥磚上發現了山羊留下的蹄印，而該遺址中 90% 的獸骨是山羊骨，它們都是綿羊和山羊在西亞興起的證據。

　　農業起源是人類歷史演變的革命性事件，是人類社會的第一次革命。它不但反映了人類對自然界動植物和生態環境操縱能力的提高，更重要的是農業經濟的發展，導致了人口以較大規模聚居，運用集體的智慧和社會的力量改進、發明技術和促進生產力。它是人類社會向高級形態發展的基礎，世界各地古代文明起源、形成的時代早晚與其農業起源的早晚有著密切連繫。農業起源越早，古代文明形成也越早；反之，農業起源滯後，古代文明的形成進程也就緩慢。現在學術界一般認為世界主要古代文明有西亞兩河流域、東亞古代中國和中美洲三大古代文明，而這三大古代文明所在地，正是世界農業起源較早的區域。可以說，沒有農業，後來的工業革命是不可想像的。

民族解放運動的勝利——
西元前 3100 年前後古埃及的統一

　　埃及一詞系由古希臘語 Aigyptos 演變而來，起源於古埃及孟斐斯城的埃及語名 Hikuptah（意為普塔神靈之宮）。眾所周知，埃及是人類歷史中一個悠久的文明古國，對於人類文明而言，具有非常重要的意義。古埃及人修建的金字塔，更是盡人皆知的偉大奇蹟。而這一切的創舉，都是發生在幾千年前，表現了人類生生不息和偉大的創造精神。

統一之前的古埃及

　　大約在一兩萬年前，由於氣候發生了重大變化，北非大部分地區變成了不毛之地。於是人們逐漸聚集到尼羅河流域，依靠河水泛濫的平原和沼澤地，過著漁獵採集生活。到了約西元前 18000 年，由於弓箭的使用，埃及進入了舊石器時代末期或中石器時代。西元前 6000 年以後，古埃及地區進入新石器時代和銅石並用時代。這一時期比較典型的銅石並用時代文化是拜達里文化、奈加代文化 I（阿姆拉特文化）和奈加代文化 II（格爾津文化）。奈加代文化 II（約西元前 3500- 前 3100 年）通常被看成是史前文化或前王朝文

化的最後階段。社會已形成貴族與平民、奴隸主與奴隸的階級劃分。希拉孔波利斯等地已發展成為具有城市公社性質的小邦，希臘人稱之為諾姆，又譯為州。這些州都有自己的名稱、都城、軍隊、政權、方言和圖騰，儼然是一個個獨立的小王國。這一時期，古埃及實際上已進入了文明時代，文明時代的到來成為古埃及統一國家的基礎。

大約在西元前 4000 年，埃及就已經在進行著統一的嘗試，並且在不久以後，誕生了強大的國家和水準相當高的文明。古埃及文明是現在所知道的最古老的人類文明。即使從埃及第一王朝（西元前 3100 年）算起，埃及有國家的歷史無疑也是世界歷史上最早的。因為這些事件來得太早，以至於到了現在，還有人認為埃及的文明不是古埃及人創造的。一個具有代表性的意見是，當蘇格拉底所說的亞特蘭提斯大陸沉沒的時候，有大批的難民逃到了埃及，這些文明發達的移民創造了埃及文明。還有的人說是地球以外的生命建造了金字塔，並且創造了埃及文明。但是現在可以肯定地說，輝煌的古埃及文明確實是偉大的人類創造的。

埃及統一以前的歷史是不太清楚的，根據有的歷史學家分析，為了適應修築水渠進行農業灌溉以及進行戰爭的需要，導致了權威力量的產生。這種權威力量，最後發展為王權。埃及的王權，相信是人類歷史上最早的王權。

民族解放運動的勝利—西元前 3100 年前後古埃及的統一

上下埃及的統一

經過長期的戰爭和兼併，到了西元前 4000 年代中葉，埃及形成了南北兩個王國：北部王國崛起於尼羅河三角洲，南部王國崛起於孟菲斯和第一瀑布之間的區域。這也許就是上下埃及的起源，這種劃分在埃及歷史中成為了一個傳統。上埃及在尼羅河上游，也就是南部，而下埃及在尼羅河的下游，也就是北部。古代埃及早期國王所戴王冠的形式，反映了他所代表的政治勢力。古埃及的王冠包括紅冠和白冠，紅冠象徵著蛇神保護著的王權，是下埃及王冠，也是最古老、最受崇拜的王冠；白冠象徵著鷹神荷魯斯保護著的王權，是上埃及的王冠。一個統一埃及的國王，應該既擁有紅冠，又擁有白冠，缺一不可。如果能夠找到一個確切的證據證明有一個國王擁有兩頂王冠，就可以證明當時埃及已經統一了。於是歷史學家們從考古的角度找到了證據，說明西元前 3100 年前後，第一王朝第一個法老那爾邁（美尼斯），也許就已經或者正在完成國家的統一。而這個考古學的證據是一塊調色板。

調色板是古代埃及人化妝時用來調色的石板，上面一般都會雕刻著圖畫。考古學家在埃及的希拉康伯裡發現了一塊命名為那爾邁的調色板，這就是埃及統一的一個重要物證。

那爾邁調色板正面雕刻的內容是頭戴象徵上埃及白冠的

那爾邁正手持權杖擊殺一個跪在他面前的俘虜。這個俘虜顯然具有下埃及尼羅河三角洲首領的含義，他的旗幟就是一把漁叉。在那爾邁的正前方，有一隻鷹（象徵鷹神荷魯斯，上埃及的保護者）站在象徵三角洲地區的一束紙草植物之上，一隻尖爪抓著一條繩子，套著一個三角洲居民的頭顱。在正面的最上面一欄中間寫著那爾邁的名字，最下一欄刻著兩個倉皇逃跑的敵人，顯然是戰敗者。這組圖畫表達的意思很可能是，在鷹神荷魯斯的保護下，那爾邁打敗了下埃及的三角洲國家。

在調色板的背面，不但雕刻著頭戴紅冠的那爾邁在侍從的陪同下檢閱兩排已經被砍頭的俘虜，而且還刻畫了一頭象徵國王強大力量的公牛正在用兩只角破壞敵人的城牆，在公牛的腳下，踐踏著一個戰敗者。國王的前面和最上一欄都刻著那爾邁的名字那爾邁在不同的場合，頭戴不同的紅冠和白冠，這或許可以說明，那爾邁已經統一了上下埃及。至少，那爾邁已經在統一戰爭中獲得了相當大的成功。

在另一件文物 —— 那爾邁權杖上面，也刻畫了相近的內容：頭戴紅冠的那爾邁站在九層的平台之上，在他前面有一頂轎子，轎子裡坐著一位北方的公主。有的歷史學家認為這反映了那爾邁透過武力征服以及聯姻來達到統一北方的目的。這種透過聯姻使自己的統治達到合法化的做法，在埃及

歷史上是經常被採用的，很多王朝的開創者就是透過娶上一王朝的末代王后達到確立自己王朝的目的的。比如埃及第三王朝的開國君主內布卡就是透過迎娶第二王朝末代法老哈謝海姆威的王后來建立第三王朝的，而這位王后和內布卡又生了一個兒子，就是修建最早的梯形金字塔的左塞爾。

那爾邁在建立了古埃及第一王朝後死去，他的繼任者叫做荷爾-阿哈，意思是戰士，荷爾-阿哈努力對外擴張，並且安撫剛剛兼併的北方下埃及。第一王朝的第三位國王叫做哲爾，哲爾曾經遠征現在的西亞地區，並且發動了對努亞和利比亞的戰爭。第一王朝在第五任國王登基的時候達到了全盛，在薩卡拉發現的登王宰相海馬卡的陵墓就達到 1,500 多平方公尺，甚至比現在已經發現的第一王朝的國王的墓都要大得多。在登王統治時期，第一次把象徵上下埃及的紅冠和白冠同時戴到了自己的頭上，並且第一次採用了上下埃及的雙重王銜。可以肯定地說，在登王統治時期，埃及就已經成為一個統一的專制王朝。

強大的古王國王權

古埃及的歷史發展到古王國時期，君主們的王權繼續得到加強，古王國的君主們開始被稱為法老。法老（nmraoh）是古代埃及君主的尊稱，是埃及語 Per-o 的希伯萊音譯。這

個詞的象形文字本意是指高大的房屋，到了古王國時期，專指王宮，並沒有君主的意思，但是到了新王國第十八王朝圖特摩斯時期，逐漸演變成為君主的稱謂。這一點，和中國古代稱皇帝為陛下很相似。埃及法老有五個頭銜：「荷魯斯」、「兩位女神」、「金子的荷魯斯」、「上下埃及之王」、「拉神之子」。最後兩個名稱常被寫在一個橢圓形圖案裡面，這個圖案代表一個有魔力的繩圈。許多徽號的圖案象徵著法老的權威，如兩層的王冠象徵著上下埃及的聯合；盤在法老王冠上面的眼鏡蛇叫做盧荷斯，它吐出的火舌能夠消滅法老的敵人。

　　法老的權威是至高無上的，法老是古埃及的最高統治者，他透過宰相頒布各種法令，宰相須向法老負責。但是軍隊的指揮權永遠屬於法老，宰相無權過問。法老作為軍隊的最高統帥，親自率領軍隊征討出戰。法老不但擁有最高的行政權、財政權、司法權和軍事權，而且他還是神，也就是說，法老不用神化，他本人就是神。他的一言一行都受到臣民們的關注。一切人見了法老都要俯伏在地，甚至大臣、貴族見了法老也要吻他腳下的塵土。如果哪一個大臣、貴族被允許吻法老的腳，而不是吻法老腳前的塵土，那將是莫大的榮耀。第五王朝的時候，有一個叫做普塔荷舍普舍斯的貴族，他不但是法老的駙馬，娶了法老的公主為妻，而且曾經

民族解放運動的勝利—西元前 3100 年前後古埃及的統一

在宮中和皇子們一起接受教育。但是即使擁有如此榮耀的地位，他也因為薩胡拉法老允許他親吻自己的腳，而不是腳前的塵土而感到非常的興奮。就是等到死後在墓誌銘中還津津樂道，說：「作為法老希望做的每一件事情的顧問，受到了薩胡拉法老的特別寵信，陛下不允許他親吻地上的塵土，而是親吻法老的腳。」古王國時期王權的強大可見一斑。

正是有了古埃及的統一，才有了偉大的王權，在強大的王權之下，才使龐大的金字塔工程的修建成為可能。在埃及歷史上，古王國和中王國時期，就是修建金字塔的時代。今天，埃及的金字塔已經成為人類文明的重要豐碑，也是埃及文明的象徵。

製作禮樂，創建新制 ——
西元前十一世紀周公奠定 800 年基業

　　西元前十一世紀，中國商、周之際，是社會劇烈變革時期。變革的結果是商朝滅亡，周朝興建。實際領導完成這一新舊更替的，是輔佐周武王滅商興周、接著又攝政當國的周公。周公銳意改革，製作禮樂，創建新制，確立周室八百年一統基業，把中國奴隸制社會全面推向鼎盛時期。

　　周公，名旦，姬姓，周文王第四子，周武王之弟。因為他是成王之叔，故稱叔旦；他的采邑在周（今陝西岐山），又稱他為周公；滅商後被封於魯之曲阜（今山東曲阜），史書文稱他為魯公。文王在世時，他為人孝順、仁厚、篤實，在兄弟中是出類拔萃的。以後武王繼承父親的遺業，以姜太公望（呂尚）為師，出兵討伐紂王，許多重大的決策都出自周公。武王東進伐紂到達盟津（今河南孟津縣東北），大會諸侯，周公全力進行輔佐。武王四年（近人根據《國語》、《竹書記年》記載，依西元推算，即西元前 1029 年），周公從征到達牧野（今河南淇縣西南），商、周兩軍發生大戰，商軍失利倒戈，紂王登鹿台自焚而死。毛澤東稱這次戰爭的性質是「武王領導的當時的人民解放戰爭」（《別了，司徒雷

製作禮樂，創建新制—西元前十一世紀周公奠定 800 年基業

登》）。武王滅商以後，周公建議向天下昭告紂的罪狀，釋放因勸諫紂王被囚禁的箕於，封紂的兒子武庚（字祿父）繼續管理商的豪族和遺民，並派武王之弟管叔、蔡叔、霍叔加以監視，史稱「三監」。這樣，周朝的政局才初步穩定下來。

武王罷兵西歸回到鎬京，不久便得了重病。他想傳位給周公，周公堅決不接受。武王病逝後，由兒子誦繼位，這就是周成王。當時成王年幼，周公便以塚宰（宰相）身分攝政，處理軍國大事。管叔、蔡叔由於嫉妒便到處散布謠言，說周公將謀害成王。周公向太公望、召公奭表明心跡，說明自己攝政是防天下背叛周朝，並非個人要奪權，取得了大臣們的信任與支持。他讓長子伯禽代他到曲阜就封，自己留守鎬京。伯禽臨行，他教誡說：「我文王之子，武王之弟，成王之叔父，我於天下亦不賤矣。然我一沐三捉發，一飯三吐哺，起以待士，猶恐失天下之賢人。子之魯，慎無以國驕人。」（《史記・周魯公世家》）由此可見周公善待賢者的一片衷情。

管叔、蔡叔的中傷沒有得逞，便聯合霍叔、武庚，發動了叛亂。淮夷、徐戎、奄、蒲姑等邦國起來響應，叛亂在黃河南北迅速蔓延，周王朝面臨嚴重危機。為了保衛文王、武王開創的事業，周公發布《大誥》，決心平定叛亂。他率師東征，在太公望、召公奭的協助下，經過兩年的時間將叛

亂平定。武庚被誅殺，管叔自殺身亡，蔡叔、霍叔被流放。到這時周王朝的政局才真正穩定下來。西起今甘肅東部、東至山東、北至河北、南至江漢流域的廣大地區，成為周朝的領土。

平定以武庚部眾為主力的叛亂以後，周公乘勢進行改革，從制度建設方面著手，鞏固和完善周王朝的統治。

首先是「封邦建國」，以諸侯國作為王室的屏藩。「周公兼制天下，立七十一國，姬姓獨居五十三」（《荀子·儒效》）。當時分封主要的姬姓國有管、蔡、霍、衛、成、魯、毛、聃、郜、雍、曹、滕、畢、原、酆、郇、邢、晉、韓、凡、蔣、邢、茅、胙、燕、吳、東虢、西虢等。武王弟康叔封於衛（今河南淇縣），領「殷民七族」，唐叔封於晉（今山西翼城），伯禽封於魯（今山東曲阜），領「殷民六族」。總之，「周之子孫，苟不狂惑者，莫不為天下之顯諸侯」（《荀子·君道》）。周公除大封姬姓宗室外，又封紂王異母兄微子啟於宋（今河南商丘），封太公望於莒丘（今山東臨淄），封召公奭之子於燕（今北京附近）。同時又封神農、黃帝、堯、舜、禹的後代。周公大封姬姓宗室和功臣於東西南北各地，以拱衛王室，形成周王朝的一統天下。

「封邦建國」，是周公對古代政治制度的一項重大改革。當然分封制並非是從周公開始的，在他以前的夏、商兩朝早

製作禮樂，創建新制—西元前十一世紀周公奠定 800 年基業

已產生。據司馬遷說：「禹以姒姓，其後分封，用國為姓，故有夏後氏、有扈氏、有男氏、斟鄩氏……」（《史記·夏本紀》），「契（商始祖）為子姓，其後分封，以國為姓，有殷氏、來氏、宋氏、空桐氏……」（《史記·殷本紀》）。但是，夏、商兩朝天子與諸侯的名位未定，天子雖為天下共主，必須由諸侯擁戴而立。天子相當於諸侯盟長，諸侯國各自為政。中央與方國之間，方國與方國之間，政制與文化的差異很大。周公的「封邦建國」，則自上而下，舉行隆重的儀式，天子向諸侯授土授民，頒布誥命，形成比較嚴格的君臣關係。諸侯對周天子必須定期朝覲、述職、交納貢物，軍事上服從調動。「天子適諸侯，曰巡狩。諸侯朝於天子，曰述職。……一不朝則貶其爵，再不朝則削其地，三不朝則六師移之」（《孟子·告子下》）。可見，周朝對於不朝貢、不述職的諸侯處分是很嚴厲的。這樣，周天子便成了諸侯國名符其實的共主。諸侯受封，不僅接受了周天子授予的土地、百姓，同時又把周朝的禮樂制度、典章文物帶到全國各地。各諸侯國又仿照王室的設置，建立了各自的政治制度和文物制度，於是便從政治思想方面加強了中央與地方、天子與諸侯的一致性，使中國歷史進入新的大一統的局面。

其次是統一規劃土地，普遍推行井田制，鞏固和加強國家的經濟基礎。據史書記載，周朝的土地制度大體是這樣

的：京城周圍的土地為天子所有，即所謂「王畿千里」。王畿之中留下千畝，稱為籍田。朝廷每年舉行春耕典禮，周天子象徵性地親自扶犁，算是「親耕」，勸導百姓不違農時。王畿土地收入，供周王室飲食、祭祀之用。王畿以外的土地，分封給諸侯和公卿。諸侯在各封區內普遍推行井田制。井田劃分為「公田」與「私田」。農夫「同養公田」，收入交奴隸主即諸侯和公卿享用。一夫授田百畝為「私田」，根據土地的肥瘠也有少於或多於此數的。「田裡不鬻」，土地不能自由買賣。農夫「公事畢，然後敢治私事」。他們依附在土地上生息繁衍，沒有遷徙的自由。井田制的確立，並非如孟子後來所讚譽的：「鄉里同井，出入相友，守望相助，疾病相扶持，則百姓親睦」（《孟子‧滕文公》），但是，它確實適應周朝前期生產力發展的水準，有利於經濟的繁榮和社會的穩定。

再次是建立宗法制，把政權與族權統一起來。周公攝政，七年以後還政於成王，以自己的行動革除了商代兄終弟及的繼承製，確立了舍弟傳子法。在周公建立的宗法制中，周天子是天下的大宗，姬姓的總族長。相對於周天子來說，分封的諸侯是小宗，小宗必須服從大宗的領導和調派指揮。在諸侯國裡，諸侯又變成大宗，可以分封自己的兄弟、諸子為卿、大夫，卿、大夫相對諸侯來說是小宗，必須服從諸侯

的領導和調派指揮。各大宗、小宗的繼承人法定為嫡長子，這就是所謂「立嫡以長不以賢」，其地位永遠不變。這樣便把政權與族權統一在一起，在群臣之間，在君臣、諸侯與卿、大夫之間，除政治關係外，又加上了一道血緣關係，「立嫡以長」，減少了因爭位而起紛爭。在實行宗法制的同時，周公又規定了同姓不婚制。這種規定很嚴格，同姓雖百世不得通婚。這樣便使姬姓天子與諸侯，透過與異姓諸侯通婚結成姻親，這是宗法制的一種補充，加強了政治上的相互支持。因為禁止了族內婚，人的體質大為增強，並逐步形成了中華民族的共同血統。

周公輔佐成王期間，制定了一整套禮樂刑政制度，以維護周王室的統治。成王四年夏，制定《刑書》九篇，這是周王朝的法典，今已亡佚。至於禮樂，則是明尊卑、別貴賤的典章制度和道德規範，從思想方面統御諸侯，教育子民，其內容如上述宗法制的規定外，還對居室、宗廟、服飾、祭祀、樂隊、宴會，甚至人死的稱呼，都作了許多等級森嚴的規定。周公一心想把政治制度倫理道德化，力圖把天子、諸侯、卿、大夫、士、庶民組織在統一的周王朝內，彼此相安無事。他主張「明德慎刑」，以緩和階級矛盾；重禮輕物，以禮樂治理天下，鞏固周王朝的一統江山。由於他的慘淡經營，開拓得力，終於形成歷史上有名的「成康之治」。

　　周公歸政後常居住在洛邑（今河南洛陽東），統治東方各國，後來退休隱居，不再干預成王的政事。臨死前他留下遺言，請求歸葬鎬京，以表示對成王的臣服。後來成王將周公葬於鎬京附近的畢（今陝西長安縣西南）。為了表彰周公及其業績，成王批准魯國世世代代用天子的禮樂祭祀周公。

成功改革的典範——
西元前 594 年梭倫的改革

　　梭倫進行的改革，是世界歷史中成功改革的典範。

　　西元前 638 年，梭倫出生在雅典的一個貴族家庭。年輕時，梭倫一面經商，一面遊歷，到過許多地方，漫遊名勝古蹟，考察社會風情，後被譽為古希臘「七賢」之一。在遊歷中梭倫還寫過許多詩篇，在詩中，他譴責和抨擊貴族的貪婪、專橫和殘暴，贏得了「雅典第一位詩人」的美譽。

　　西元前七世紀，雅典與鄰邦墨加拉為爭奪薩拉米斯島而發生戰爭，結果雅典失敗，失掉了進行和發展貿易所必需的出海口。西元前 600 年左右，年約三十歲的梭倫被任命為指揮官，統帥部隊，一舉奪回了薩拉米斯島。赫赫軍功使梭倫聲望大增，城市居民把梭倫看成了自己的領袖和庇護者。

　　西元前 594 年，梭倫被選為雅典的首席執政官。他得到了修改或保留現有法律及制定新法律的權力。梭倫立即實施了一系列改革，頒布多項法令，向氏族貴族發動了猛烈地進攻。

　　首先，他廢除了「六一農」，抵押了的土地歸還了原主，豎在地裡的柱子被拔去了，由於欠債而淪為奴隸的雅典

人又回到了自己家中。這一轉變使貴族後裔和古老的氏族貴族受到了很大損失。但梭倫沒從根本上徹底廢除奴隸制度，廢除的只是妨礙雅典經濟發展的債務奴隸制。

具有重大意義的是梭倫在雅典確立新的國家制度的改革。

根據梭倫的法令，雅典的全體公民將按財產的多少劃分為四個等級，不同等級的公民享有不同的政治權利。誰的財產多，誰的等級就高，誰就享有更大的政治權利。第一、二等公民可擔任包括執政官在內的最高官職，第三等只能擔任低級官職，第四等級不能擔任任何官職。

這一制度意味著貴族如果財產少，享受政治權利也少，而新興的工商業奴隸主可憑藉自己的私有財產，躋身於城邦政權。梭倫還恢復了公民大會，使它成為最高權力機關，決定城邦大事，選舉行政官，一切公民，不管是窮是富，都有權參加公民大會；設立了新的政府機構，類似公民會議的常設機構，由雅典的四個部落各選一百人組成，除第四等級外，其他各級公民都可當選。這一切，為雅典政治制度的民主化開闢了道路。

梭倫建立了新的陪審法庭，所有年滿三十週歲的公民都可出席法庭。法庭成員用抽籤的辦法選出，陪審法庭監督擔負國家職務的人員活動，保護雅典人民的利益。同時，雅典

成功改革的典範—西元前 594 年梭倫的改革

的軍隊也根據財產分為等級，頭兩等的公民在騎兵服役，第三等級組成重武裝步兵，輕裝部隊和海軍由第四等級組成。

梭倫還採取了許多鼓勵手工業和商業發展的措施，如除自給有餘的橄欖油外，禁止任何農副產品出口；凡雅典公民，必須讓兒子學會一種手藝；獎勵有技術的手工業者移居雅典，給予其公民權；改革幣制；確定私有財產繼承自由的原則等。梭倫制定的這一系列法律條文均刻在木板或石板上，鑲在可轉動的長方形框子裡，公之於眾。梭倫的改革獲得了雅典人民的熱烈擁護。

恩格斯認為，梭倫的改革與國家起源有關。恩格斯說：「社會一天天成長，越來越超出氏族制度的範圍；即使最嚴重的壞事在它眼前發生，它也既不能阻止，又不能剷除了……既然氏族制度對於被剝削的人民不能有任何幫助，於是就只有期望正在產生的國家。而國家也確實以梭倫制度的形式給予了這種幫助，同時它又靠犧牲舊制度來增強自己。梭倫揭開了一系列所謂政治革命，而且是以侵犯所有制來揭開的……迄今為止所有的一切革命，都是為了保護一種所有制以反對另一種所有制的革命。它們如果不侵犯另一種所有制，便不能保護這一種所有制。在法國大革命時期，是犧牲封建的所有制以拯救資產階級的所有制；在梭倫所進行的革命中，應當是損害債權人的財產以保護債務人的財產。債務

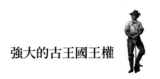

簡單地被宣布無效了……他清除了負債土地上的抵押柱，使那些因債務而被出賣和逃亡到海外的人都重返家園。」

梭倫在首席執政官任滿後，即放棄全部權力離開雅典去遠遊。

據說他到過埃及、塞浦路斯、小亞細亞等地，一路上留下不少佳話和美談。

晚年，他退隱在家，從事研究和著述，死後骨灰撒在了他曾為之戰鬥過的美麗的薩拉米斯島上。

羅馬國家的產生 ——
西元前 578 年塞爾維烏斯・圖里烏斯改革

　　塞爾維烏斯・圖里烏斯改革代表著羅馬由氏族制度向階級社會過渡，代表著羅馬國家的產生，在羅馬古代的歷史上具有深遠的意義。

　　根據傳統說法，塞爾維烏斯・圖里烏斯是王政時代的第六個王（勒克斯），在位時間約為西元前 578 到前 534 年。所謂王政時代，始自西元前 753 年羅慕路斯兄弟創建羅馬城，止於前 509 年高傲者塔克文被推翻，相傳經歷了七個王的統治。最近研究表明，王政時代可分為前後兩個不同的時期。前期為前八到前七世紀，為前四個王統治，羅馬人生活在氏族社會末期軍事民主制時代。後期指後三個王統治時期，為伊特魯里亞人統治時期。

　　王政時代後期，隨著鐵器工具的普遍使用，社會生產力的發展以及私有財產的出現，氏族內部的平等性質逐漸變化，從某個家族選出元老的做法，使氏族上層分子成了特殊的階層。他們利用特權，霸占公地及財產，逐漸凌駕於普通羅馬人民之上。同時也出現了平民階層。平民身分自由，可以有財產，從事手工業和商業活動。但他們處於舊的氏族、

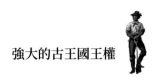

庫里亞和部落之外，不屬於羅馬人民。他們沒有公民權，需納稅並承擔多種義務。另一方面，在羅馬氏族公社之內，則出現了保護人和被保護人的分化。破產的氏族成員成為被保護人。

王政時代後期，奴隸制也發展起來，但奴隸數量不多，多為家內奴隸。

西元前八到前六世紀的羅馬，階級關係日趨複雜，鬥爭也日益激烈。平民與貴族的尖銳矛盾終於導致第六個王塞爾維烏斯‧圖里烏斯改革的出現。

塞爾維烏斯‧圖里烏斯改革的主要內容有：

- 凡羅馬居民，不論貴賤，皆依財產多寡分為五個等級，並規定了各等級提供百人隊的數量。第一等級擁有1萬阿司財產，第二、三、四、五等級依次擁有七萬五千、五萬、兩萬五千和一萬一千阿司財產。第一等級出八十個重裝步兵百人隊和十八個騎兵百人隊；第二等級出二十二個重裝步兵百人隊；第三、四、五級分別出二十個重裝步兵、二十二個輕裝步兵和三十個輕裝步兵百人隊。無產者不入級，組成一個非戰鬥兵百人隊。
- 設立百人隊大會，即森都利亞大會，凡戰士均可參加，它代替了以氏族血緣關係為基礎的庫里亞會議的職能。每個百人隊有一票表決權。
- 把羅馬原來的三個氏族部落劃分為四個城區部落。

羅馬國家的產生—西元前 578 年塞爾維烏斯·圖里烏斯改革

　　塞爾維烏斯·圖里烏斯改革是一次政治革命，它完成了由氏族制過渡到國家的任務。它破壞了氏族的血緣關係，建立了以財產為區分的階級關係，打破了舊氏族貴族的統治，成為羅馬國家形成的標誌。

奠立波斯帝國的基石——
西元前 515 年大流士改革

西元前 558 年，出身於阿黑明尼德氏族的居魯士二世在波斯稱王，定都波斯波利斯。西元前 530 年，在遠征馬薩吉特人之前，居魯士立岡比西斯為共治者。居魯士死後，岡比西斯即位為王。岡比西斯殘暴無比，他的倒行逆施，引起了帝國上下的強烈不滿。岡比西斯因為患有癲癇病，經常發狂，動不動就把大臣處死。弄得朝廷的大臣整天惶惶不安，他瘋狂得甚至把自己的兒子巴爾迪亞都殺死了。所以，趁岡比西斯在埃及的時候，大流士就聯合幾個大臣，另立新君，宣布廢黜岡比西斯。岡比西斯聽到消息後，急忙帶領軍隊回國，兩軍還沒有對陣，岡比西斯就因為癲癇病發作，一命嗚呼。暴君岡比西斯死後，波斯的大臣們紛紛向假扮巴爾迪亞王子的拜火教僧侶高墨達投降，以免招來殺身之禍。

西元前 522 年九月，出身阿黑明尼德氏族的大流士同其他六個波斯貴族一起密謀，殺死了高墨達及暴動的其他領導者，鎮壓了各地起義。大流士即位，史稱大流士一世。

西元前 517 年，大流士遠征印度，奪取了印度河流域。約在西元前 515 年，他又遠征巴爾幹的斯基泰人，雖遭失

奠立波斯帝國的基石—西元前 515 年大流士改革

敗，但卻征服了色雷斯地區，並使馬其頓向其納貢稱臣，從而使波斯帝國成為古代第一個地跨亞、非、歐三大洲的大帝國。龐大的版圖包括兩河流域、尼羅河流域和印度河流域三大文明中心，並接近第四個文明中心希臘的邊境。

帝國版圖如此遼闊，民族成分極其複雜，階級矛盾和民族矛盾極其尖銳，各地政治、經濟、文化發展極不平衡，而波斯的統治階級又十分年輕、國家機器十分薄弱。因此，統治並不穩定。為了鞏固波斯帝國，大流士採取了一系列措施，這在歷史上稱作大流士改革。改革的內容包括：

- 建立軍政分權的地方行政制度；
- 進行軍事改革，全國劃分為五個大軍區；
- 為加強中央與地方的連繫，保證政令的暢通和軍隊的調遣，在帝國境內修築若干驛道；
- 整頓稅收制度，統一全國的貨幣鑄造制度。

大流士改革鞏固了波斯帝國的統治，促進了各地經濟和文化的交流，使大流士不僅成為波斯帝國的偉大君主，而且成為世界歷史上最著名的政治家之一。

西元前 334 年，馬其頓國王亞歷山大率軍東征，波斯軍隊節節敗退，西元前 330 年，波斯國王大流士三世兵敗被殺，波斯帝國滅亡。波斯帝國滅亡後，取而代之的亞歷山大帝國、羅馬帝國都從波斯帝國的經驗和教訓中吸取了許多有

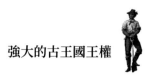

用的東西。所以，波斯帝國既為西亞、北非的文明作了總結，又為後來的希臘、羅馬文明提供了借鑑，造成了承前啟後的作用。

平民反抗貴族鬥爭的勝利——
西元前 509 年克里斯提尼改革

　　西元前 509 至前 508 年成為古代雅典城邦國家的平民領袖的克里斯提尼，繼梭倫改革（西元前 594 年）之後，再一次推行了新的改革。

　　克里斯提尼的改革措施主要有以下幾個方面：

- 建立十個地區部落以取代原來的四個血緣部落。梭倫改革沒有觸動原先的部落組織，貴族仍可利用自己在部落中的影響，控制選舉。克里斯提尼把整個阿提卡地區，劃分為三十個區，十個區在城市及其周圍地帶，十個區在內地，十個區在沿海，在新創立的十個地區部落中，每一個地區部落由以上三組區當中的各一個區組成，這一措施就徹底地打破了氏族貴族的勢力，從組織上清除了氏族制度的殘餘。

- 建立五百人會議以取代原來的四百人人會議，五百人會議的成員由十個地區部落中的前三個等級（梭倫改革時把雅典公民劃分為四個等級）的公民組成。它們為公民大會準備議案，並執行公民大會的決議，還將一年分成十個時期，輪流由一個地區部落的代表當值，輪流處理

國家的日常事務。五百人會議權力很大，造成雅典政府的作用，實際上是最高的行政管理機構。

■ 擴大公民權的授予範圍。不僅恢復了在西元前510年貴族統治時被除去公民權的那一部分人的公民身分，而且還將公民權授予居住在阿提卡地區的外邦人和被釋奴隸，這就擴大了雅典的公民人數，使自由民（公民）與奴隸之間的對立則更加尖銳，並演化為社會的主要矛盾。

■ 建立十將軍委員會。成員由十個地區部落各選一人組成，一年一任，輪流統率軍隊，其中一人為首席將軍。

■ 建立「放逐制度」——陶片放逐法。此法規定公民大會可以投票彈劾那些危害國家的分子，公民在陶片（或貝殼）上寫上被彈劾者的名字，如對某人所投的票超過六千，則此人就得流放國外，十年後方準歸國。有學者認為此法提出較晚，初次出現於西元前500年，西元前468年首次實行，不是在克里斯提尼改革時建立的。

克里斯提尼的改革代表著近百年來雅典城邦國家平民反抗貴族鬥爭的勝利結束。經過這次改革，徹底掃除了氏族制度的殘餘，奴隸主民主政治得以確立，這是雅典國家形成過程中的最後階段。

戰國稱雄，要在強兵——
春秋戰國時期吳起變法

　　吳起是戰國初期傑出的軍事家，也是著名的政治家和改革家。他個人的經歷比較特殊，先後仕魯、仕魏、仕楚，殺妻求將，出將入相，走到哪裡就在哪裡幹出一番事業，但最後慘死在楚國貴族的亂箭之下。他是春秋戰國時期著名改革家中付出生命的第一人。

　　吳起是戰國初衛國左氏（今山東定陶縣西）人，大約生於西元前 440 年，死於西元前 381 年。他曾受業於孔子弟子曾參門下，侍奉過魯國國君。齊國攻打魯國時，魯國國君聽說吳起善於用兵，想起用他為將，但因他的夫人是齊國人，怕他會因妻子的關係與齊國串通，所以猶豫不決，不敢立即起用。吳起聽到消息，為了不錯過這一成名立業之機，便下狠心殺掉妻子，以表明自己絕不親附齊國。魯國危機日重，終於起用吳起為將。吳起率軍拒敵，大破齊軍，因而聲名大振。魯國人厭惡吳起殺妻求將、猜疑殘忍。這種輿論動搖了魯國國君對吳起的信任，終於把他辭退。

　　吳起聽說魏文侯賢明愛才，知人善任，便離開魯國投奔魏國。魏國大臣翟璜、李悝都在魏文侯面前舉薦和稱道吳起

的軍事才能，魏文侯便重用吳起，拜為將軍，並積極支持他在魏進行兵制改革。

吳起的兵制改革，首先是對士卒建立嚴格的選拔、訓練和考核制度。《荀子·議兵》記載當時魏國考核武卒的標準：「衣三屬之甲，操十二石之弩，負服矢五十，置戈其上，冠冑帶劍，贏三日之糧，日中而趨百里。」這樣的標準是很高的，不是十分矯健的人雖經過嚴格訓練也難以當選，但考核中選以後待遇也很優惠，可以免除一家的徭役，並獎給田地和房產，以鼓勵士卒鍛鍊成為合格的戰士。其次是按士卒的體質和特長，實行一種新的軍隊編製法。即將身強體壯、能拚善搏的編為一隊；機智靈活、善於爬坡越溝的編為一隊；有耐力、能吃苦的又編為一隊。打起仗來，便根據戰爭的形勢和地形的特點，分別派遣不同的隊伍，使各隊都能充分發揮自己的長處。經過這樣嚴格的選拔、訓練、考核和精心編制，吳起在魏國建立起一支有強大戰鬥力的常備軍 ——「魏武卒」。

吳起為將，「與士卒最下者同衣食。臥不設席，行不騎乘，親裹贏糧，與士卒分勞苦。」（《史記·孫子吳起列傳》）。《韓非子》、《史記》都記載過這樣一則故事：吳起為魏將攻打中山國，軍中有一士卒生瘡化膿，吳起趴下為他吸出膿血。這個士卒的母親聽到消息，便放聲痛哭起來，

戰國稱雄，要在強兵—春秋戰國時期吳起變法

旁人勸慰這位母親說：你兒子僅一小卒，而吳起貴為上將，他親口吸吮為你兒子排膿，你應該感到榮幸，為什麼哭起來呢？這位母親回答說：這個你就有所不知了。往年吳公也為我兒子的父親吸過膿瘡，他父親打起仗來拚命死戰，有進無退，沒有多久就戰死沙場。如今，吳公又為我這個兒子排膿吸瘡，我想他也會為吳公戰死的。我是想到這裡才禁不住而哭起來的。由於吳起如此關心愛護士卒，便培養出一些死戰之士，作戰勇往直前，屢戰屢勝。吳起事魏十幾年，與諸侯打了七十六次大仗，六十四次取得全勝，其餘十二次和解。魏國因此「闢土四面，拓地千里」，不僅使與它同時建國的韓、趙賓服，而且，在吳起擔任西河守期間，強鄰秦國不敢東向。

魏文侯去世後，武侯繼位，吳起曾恃功與田文爭為國相，未能如願。田文逝世後，公叔痤繼為國相，吳起受到排擠，不得已離開魏國而奔赴楚國。西元前 390 年，吳起離魏時曾「止車而望西河，泣數下」，並對跟隨他的人預言，「西河之為秦取不久矣，魏從此削矣。」第二年，吳起的預言即被證實，秦開始反攻，攻取當時屬魏的華陰以東之地。

吳起到楚國後，先為宛（今河南南陽）令，不久即升為令尹（楚相），主持變法。

當時的楚國，地方五千里，甲兵過百萬，是戰國時期第

042

一個幅員遼闊、兵源充足的大國，但國內政治腐敗，經濟落後，國力十分衰弱，無實力與列國抗衡。在位的楚悼王一心順應形勢，實行變法，便向吳起詢問富國強兵之計。吳起分析說，楚國的流俗是「大臣太重，封君太眾。若此則上逼主而下虐民，此貧國弱兵之道」（《韓非子‧利義》），因此，他建議「明法審令」，實行變法革新，並勇敢地擔負起這副重擔。

吳起在楚國的變法，其內容概括說來：一是「使封君之子孫，三世而收爵祿」，「收公族疏遠者，以撫養戰鬥之士」，即廢除世卿世祿制度。凡已傳三代的封君，國家收回爵祿，將原受封的土地收歸國有，疏遠的公族一律不再享受王室的特權，同時還把一些舊貴族遷往地廣人稀之處開墾荒地，把從以上各方面節省下來的經費財物用來撫慰供養戰鬥之士。二是「叨法審令，捐不急之官」，即彰明法制，詳定律令，裁減冗官及無能的官吏，並削減留任官吏的俸祿，「以奉選練之士」，增加國家的兵力，加緊士卒的訓練。三是：「要在強兵，破馳說之盲從橫者」（《史記，孫子吳起列傳》），即斥逐高談縱橫之術的遊說之士，禁止私門請託，把全國的思想和輿論統一到「強兵」的主要方面來。

吳起的變法進行得雷厲風行，大大加速了楚國封建化的進程，使國力日漸強盛起來。於是，楚國向外擴張，南平百

越，北併陳、蔡，阻擋韓、趙、魏南進之勢，西伐秦國，疆域大為擴展。西元前 381 年，魏國進攻趙國，趙向楚求救。楚國派兵攻魏救趙，大敗魏軍。這時楚國的勢力已北抵黃河，南至蒼梧（今廣西北部），達到全盛時期。

吳起變法，逐步使楚國國富兵強，但也嚴重地侵犯了王公貴族的利益，「故楚之貴戚盡欲害吳起」。西元前 381 年，支持變法的楚悼王病死，舊貴族乘機作亂，圍攻吳起。吳起逃至楚悼王屍體旁，伏屍躲避，最後被亂箭射死。舊貴族還不罷休，竟把吳起的屍體綁在幾輛馬車上，車裂肢解，以泄憤解恨。楚太子熊臧繼位，又借舊貴族箭射吳起時射中悼王的屍體大做文章，令楚國新的令尹，將參與射殺吳起的七十餘家舊貴族夷宗滅族。吳起死於西元前 381 年，早於商鞅之死四十三年，他是春秋戰國時期立志改革而犧牲的第一人。吳起死後，變法停止，楚國的改革以失敗告終。

為一統天下奠基 ——
西元前 359 年商鞅開始第一次變法

　　商鞅，姓公孫氏，名鞅，因功被秦封於商，故又叫商鞅。衛國人，生年不可考，死年是西元前 338 年。他是戰國中期著名的政治家。他從小拜尸佼為師，好刑名之學，後來在魏相公叔痤手下當過小官，一生中的主要事業是在秦國變法。

　　商鞅變法以前，秦國地處西方，封建經濟雖然有所發展，但奴隸制殘餘還嚴重存在，舊貴族的勢力相當強大。因此，國力貧弱。而這時戰國務主要諸侯國早已進入封建社會，把秦國看成夷狄之邦，不讓它參與盟會。代表新興地主階級利益的秦孝公對秦國的落後狀況十分不滿，他想使秦國富強起來，於是下令求賢。西元前 361 年商鞅聽到這個消息，急忙從魏國趕到秦國。受到秦孝公信任，封他為「左庶長」（秦爵位共二十級，「左庶長」是第十級）。西元前 359 年，商鞅在秦孝公支持下實施第一次變法。其內容如下：

廢除世卿世祿制

　　商鞅針對「有罪可以得免，無功可以得尊顯」的舊風俗，規定國君的親屬（宗室）沒有軍功的不能列入宗室的屬

笈。實行軍功爵,共分二十級,按等級的不同分別占有土地、住宅、奴婢,以及享用車騎、衣服等等。沒有軍功的,雖然富有也不能尊榮。

獎勵軍功,禁止私鬥

為國立功的,依功勞大小分別授予爵位、田宅。規定在戰爭中殺敵一人賜爵一級,或授予 50 石俸祿的官。殺敵軍官一人,賞爵一級,田一頃,宅地九畝。私鬥的按情節輕重,受不同的刑罰。

實行編戶制和「連坐」法

凡境內居民無論男女老少都登記在戶籍簿上,以五家為「伍」,十家為「什」,互相監督。一家犯法,如別家不告發,則十家連坐,處以腰斬;告發的人,如同殺敵一人受獎,賜爵一級。藏匿壞人的,如同投降敵人受罰。旅店不能收留沒有官府憑證的人住宿,否則,店主連坐。

獎勵耕織

努力從事農業生產,使糧食和布帛超過一般產量的,可以免除本人的勞役和賦稅,不安心務農而去從事工商業,或游手好閒而貧窮的,全家罰做官奴。商鞅還招徠韓、趙、魏

的無地農民到秦墾荒，給他們土地和住宅，免除三世的勞役，不讓他們當兵，只為秦國提供糧草。

鼓勵個體小農經濟

規定一戶有兩個兒子以上的，到成人年齡必須分家，各自獨立門戶，不能過依賴生活。否則要出雙倍的賦稅。

商鞅的新法實行十年，取得了顯著的成效，秦國開始日益富強。西元前 352 年，秦孝公以商鞅為「大良造」（秦爵第十六級，相當於相兼將軍）。西元前 350 年，秦遷都咸陽，同時商鞅實施第二次變法。

商鞅變法遭到了舊貴族的強烈反抗。以太子的兩位師傅公子虔、公孫賈為首的一批舊貴族，故意破壞，唆使太子犯法。商鞅毫不妥協，將公子虔處以劓（割掉鼻子）刑，將公孫賈處以黥刑（在臉上刺字）。這就保證了變法的貫徹執行。

但是，商鞅是一個剝削階級的政治家，他走的是自上而下的變法路線。所以當西元前 338 年，支持變法的秦孝公死後，舊貴族就瘋狂報復，誣告商鞅謀反，並用車裂的酷刑殺害了商鞅。然而，商鞅變法適應了秦國社會經濟發展的客觀需要，商鞅雖死而他的新法仍然在秦國繼續推行。

輕徭薄賦，明法寬刑──
西元前 180 年劉恆開創西漢「文景之治」

　　中國秦朝末年，農民陳勝、吳廣在大澤鄉首舉義旗，秦
王朝在農民起義的烽火中覆滅。又經過持續 5 年的楚漢之
爭，劉邦取得天下，於西元前 202 年建立西漢王朝。漢承秦
制，繼續實行中央集權的封建政治制度。由於秦的殘暴統
治，加上秦末的連年混戰，社會經濟遭到嚴重破壞，封建朝
廷財金匱乏，人民群眾更是困苦不堪。西漢面臨百廢待興的
局面，統治者積極總結秦亡的歷史教訓，企圖「借秦為喻」
調整統治政策，這就是賈誼在《過秦論》中所說的：「前事不
忘，後事之師也……觀之上古，驗之當世，參以人事，察盛
衰之理，審權勢之宜」。漢初總結秦亡的教訓，主要集中於
兩個問題，一是繁苛徭賦，二是嚴刑酷法。以此為鏡鑒，漢
朝前期的幾代皇帝，秉黃老之術，實行「無為而治」，貫徹
輕徭薄賦、明法寬刑政策，使人民得以「休養生息」，社會
經濟得到恢復和發展。其中漢文帝劉恆做得尤為突出，因而
成為西漢「文景之治」的開拓者。

　　漢文帝劉恆是劉邦第四子，生於劉邦稱帝的高祖五年
（西元前 202 年），生母薄太后，為人謹敬，與呂后相安無

事。高祖十一年（西元前 196 年），劉恆被封為代王。代為漢初封國，都城先在代縣（今河北蔚縣），後遷中都（今山西平遙西南），劉恆做代王達十七年之久。劉邦死後，呂后專權，大封呂氏兄弟及其子侄為王，形成取代劉氏天下之勢。西元前 180 年呂后逝世，諸呂陰謀發動叛亂，太尉周勃、丞相陳平、大將軍灌嬰聯合誅滅諸呂，擁戴劉恆進長安做了皇帝，這就是漢文帝。劉恆在位二十三年，至西元前 157 年逝世。他繼續執行漢初輕徭薄賦、明法寬刑的政策，進一步糾正秦政之弊，安定人心，發展生產，使社會經濟逐步繁榮。劉恆死後，其兒子劉啟即位，這就是漢景帝。劉恆、劉啟兩朝近四十年政治穩定、經濟繁榮的歷史，史稱「文景之治」。

漢文帝劉恆即位以後，便注重發展農業生產。文帝二年（西元前 178 年），謀士賈誼上《論積貯疏》，建議朝廷「為富安天下」，指出：「夫積貯者，天下之大命也。苟粟多而財有餘，何為而不成？以攻則取，以守則固，以戰則勝。懷敵附遠，何招而不至？」朝廷能勸百姓勤於「務本」（重視農業），好吃懶做的游民也都參加農業生產，人人自食其力，天下自然太平。劉恆十分讚賞賈誼的意見，便在當年下詔勸農，並恢復周朝建立而後長久廢棄的「籍田」制度，春天「躬耕以勸百姓」（《漢書・食貨志》），鼓勵農民勤於耕耘，不違農時，後來這項制度堅持下來，取得了一定的實效。

輕徭薄賦，明法寬刑—西元前 180 年劉恆開創西漢「文景之治」

　　為了調動農民的生產積極性，劉恆繼續執行輕徭薄賦政策，並擴大其範圍。在他即位以前，朝廷已將秦時的「泰半之賦」，減為什伍稅一，農民負擔相對減輕。秦朝濫用民力的弊政有所糾正，成年男子每年服徭役為一個月，生產時間有所增加。劉恆即位後，繼續減賦。西元前 178 年，他下詔免除天下田賦之半，即三十稅一；西元前 177 年，又下詔免除晉陽（今山西太原）、中都（今山西平遙）百姓田賦三年；西元前 168 年，規定只收當年天下田賦的一半；西元前 167 年，再次下詔，「除民田之租稅」，一直堅持到他去世，前後十年。文帝又將口賦（人頭稅）由一百二十錢，減為四十錢，僅為原來的二分之一。在徭役方面，他將成年男子一年服役一個月，減為「三年而一事」，削減三分之二。文帝的輕徭薄賦，與農民起義高潮中的無徭無賦相比，只是新王朝對農民的一種「讓步」策略，但糾正了舊王朝的繁苛賦役制度，畢竟是一種歷史的進步。農民能從中得到某些現實利益，生產積極性有所提高，有利於經濟的繁榮和社會的發展。

　　在廢除苛法嚴刑方面，漢初諸帝也作出了很大努力。早在西元前 206 年劉邦占領咸陽時，就與關中父老約法三章；「殺人者死，傷人及盜抵罪，餘悉去秦法」（《史記·高祖本紀》），以爭取民心的歸附。漢興以後，劉邦為了剪除韓

信、彭越、英布等異姓王，三章之法不能應付當時的嚴重形勢，便讓相國蕭何收集整理秦法，制定《九章律》，恢復了秦時的許多苛法。惠帝、呂后執政的十六年中，由於大局已經基本穩定，先後採取過一些省刑除苛的措施，如頒行贖罪令，廢除三族罪、妖言令，判處重要罪犯，不再株連父族、母族、妻族，說錯話也不再當作「妖言」治罪。史稱「天下安然，刑罰罕用」。

文帝劉恆即位的當年十二月，即召集大臣商議進一步明法寬刑問題。《史記・孝文本紀》記載了當時君臣的一段對話，翻譯成現代漢語就是這樣的：文帝說：「法令是治政的依據，目的是用來制止強暴，引導人民歸向善良。如今犯罪的人既已依法論處，卻還要叫他們沒有犯罪的父母、妻子、兒女和兄弟連坐，一起抓來治罪，我很不贊成這種做法，希望你們議論一下。」有關的大臣都說：「老百姓不能約束自己，所以制定法令來管理他們。實行連坐，將無罪的親屬跟犯人一起收捕治罪，目的在於牽制他們的心理，使其不敢輕易犯法。這種做法由來已久，還是照舊不變的好。」文帝說：「我聽說法律公正，百姓就忠厚老實，處罰得當，百姓才甘心服從。管理百姓，引導他們向善，這是官吏的職責。如果不能引導他們向善，又用不公正的法律加罪他們，便會促使他們幹凶暴之事，又怎能禁止人們犯罪呢？我看不出這種法令有

何好處，請你們再慎重考慮。」由於文帝的堅持，眾大臣只好改口說：「皇帝將大恩大德施加天下百姓，功德之厚，非臣下所能想得到的，我們請求頒布詔書，廢除連坐法令。」文帝明令廢除族誅法、連坐法以後，於第二年（西元前 178 年）又下令廢除「誹謗妖言之罪」。他認為古代聖君明主治理天下，專設「進善之旌，誹謗之木」，疏通治政的渠道，招致進諫的臣民。如果設立誹謗妖言之罪，臣民不敢暢所欲言，君主無法知道自己的過失，朝廷不能招賢任能，所以這種法令應予廢除。他甚至認為老百姓詛咒皇帝，也不過是一種愚昧無知的表現，不能以誹謗朝廷治罪，並明確表示「自今以來，有犯此者勿聽治」（《史記·孝文本紀》），這實際上就是給人民以一定的言論自由。

文帝治國十餘年後，還宣布廢除了肉刑，事情是從一個小女子上書而決定的。文帝十三年（西元前 167 年），齊太倉令淳于公給人治病，病人服藥後幾天去世，淳于公被控為庸醫害命，朝廷下令將他逮捕，押解長安。他有女五人，沒有兒子，臨行時嘆氣說，「生子不生男，有緩急非有益也。」小女緹縈傷心哭泣，跟隨其父至長安，要上殿求見漢文帝。不得求見，只好上書給漢文帝說：父親當官的時候，齊國的人都稱讚他廉潔奉公，現今犯了法，受刑是理所當然的，但我悲傷人死了之後不可復生，受了刑罰的身體不再復原，即

使想改過自新，也做不到了。小女子願沒入官府做奴婢，以贖父親受刑之罪，使父親得以改過自新。上書送到劉恆手裡，他頗受感動，說：「……今法有肉刑三，而奸不止，其咎安在？非乃朕德薄而教不明歟？吾甚自愧。故夫馴道不純而愚民陷焉。詩曰『愷悌君子，民之父母』。今人有過，教未施而刑加焉，或欲改行為善而道毋由也。朕甚憐之。夫刑至斷肢體，刻肌膚，終身不息，何其楚痛而不德也，豈稱為民父母之意哉！其除肉刑。」（《史記·孝文本紀》）遵照文帝的旨意，丞相張蒼、御史大夫馮敬議定律令，罪當黥（臉上刺字），改為男的築城，女的舂米，罪當劓（割鼻子），改為笞三百；罪當刖（斬左、右腳趾），改為笞五百。其實笞刑也是一種肉刑，用竹鞭抽打三百或五百次，也使人大多致死或致殘，所以《漢書·刑法志》說：「外有減輕刑罰之名，內實殺人。」不過，文帝作為一個封建帝王，強調「以德化民」，在統治實踐中採取一些明法寬刑措施，慎用死刑，廢除族誅、連坐之法，還是值得肯定的。

文帝在位期間，實行輕徭薄賦政策，對封建生產關係作局部調整；又明法寬刑，對封建上層建築進行一些刷新。他對匈奴採取和親政策，與周邊少數民族友好相處，因而使天下安寧，黎民樂業。景帝即位後，繼續執行乃父制定的政策，社會經濟得到較大發展。後來司馬遷在《史記·平準

輕徭薄賦，明法寬刑—西元前 180 年劉恆開創西漢「文景之治」

書》中曾這樣描述過西漢前期社會經濟的情況：「漢興七十餘年之間，國家無事。非遇水旱之災，民則人給家足。都鄙廩庾皆滿，而府庫餘貨財。京師之錢累巨萬，貫朽而不可校。太倉之粟陳陳相因，充溢露積於外，至腐敗不可食。眾庶街巷有馬，阡陌之間成群，而乘字牝者儐而不得聚會。」西漢「文景之治」的這一派昇平景象，是與文帝劉恆的賢能和進取分不開的。

「民不加賦而國用饒給」——
西元前 115 年桑弘羊改革財政廣辟利源

桑弘羊是漢武帝提拔、重用的「興利之臣」，又是武帝臨終前詔令的四位輔政大臣之一。他於景帝五年（西元前152年）出生於洛陽一個商人家庭。這時的洛陽，已是一個相當繁華的商業城市，商賈雲集，富冠海內。在這種環境中成長的桑弘羊，從小就接受家庭和社會的影響，懂得一些理財興利的知識。他生性聰穎，六七歲即開始從師受業，在心算計數方面表現出與眾不同的才能，十三歲便進入西漢朝廷，做了漢武帝的侍中。侍中可以出入禁中，接近皇帝，為人所重視，是得到升遷的重要門徑。孔安國，朱買臣、衛青、霍去病、霍光，都曾當過武帝的侍中，後來成長為一代傑出的文臣武將。

桑弘羊任侍中長達二十六年。在此期間武帝平定閩越、南越的叛亂，用武力收服西南夷，又大規模地對匈奴用兵。戰爭雖然開拓了西漢王朝的疆土，解除了匈奴的侵擾，但也耗費了大量的人力、物力和財力，使文、景以來充溢的國庫變得空虛，財政出現嚴重危機，廣大農村也不再是「家給人足」，農民要承擔繁重的兵役和徭役。富商大賈卻乘機賤買

「民不加賦而國用饒給」—西元前 115 年桑弘羊改革財政廣辟利源

貴賣，巧取豪奪，聚斂錢財，兼併土地。農民大批流亡，造成嚴重的社會問題。為了緩和社會矛盾，維持國家的巨額財政開支，漢武帝決定起用一批「興利之臣」。「能言利，析秋毫」的侍中桑弘羊，便於元鼎二年（西元前 115 年）升任大農丞，這是朝廷最高財政長官大農令的副手。

桑弘羊任大農丞時已三十九歲，長期的官場經歷使他認識到，如果再向農民加重田賦、口賦，必然激起更大的社會矛盾。為了解決國家的財政困難，他決心另闢利源：

一是認真貫徹執行武帝已經頒布的算緡、告緡法令，取利於富商大賈。算緡是封建國家向商人徵收的一種財產稅，告緡是與商人瞞產偷稅作鬥爭的方法。算緡法、告緡法最初由御史大夫張湯提出，元狩四年（西元前 119 年）武帝下令推行，但因當時的大農令顏異不贊成，未能在全國認真執行。算緡法規定，凡屬工商業主、高利貸者、囤積商等，不論有無市籍，都要據實申報自己的財產，國家根據財產多少按比例徵稅、每價值二緡（一緡一千錢）的資產，抽一算（一百二十文），以此類推。一般小手工業者，每四緡抽一算。馬車每乘抽一算，進行販運的馬車一乘抽二算，五丈以上的船抽一算。告緡令規定，對財產隱匿不報或漏報、少報的，除沒收緡錢外，並罰當事人往邊境守邊一年，告發人可得沒收緡錢的一半作為獎勵。同時，還規定不許有市籍的

商人及其家屬占有田地和奴婢，違者予以沒收。桑弘羊出任大農丞以後，憑藉政權的力量，大張其鼓地貫徹算緡，告緡令，富商大賈所繳的財產稅成倍增加，非法收入收歸國有。商人不得再兼併土地和占有奴婢，對緩和社會矛盾也頗為有利。特別是告緡令堅持幾年後，沒收的財產以億計，正好彌補了國家財政的虧空。桑弘羊又將法令實施中所沒收的大量耕地，招募貧苦農民耕種，再向他們徵收田賦，這樣又增加了一筆可觀的收入。流民重新依附於土地，獲得了生產自救的條件，社會秩序也趨向穩定。

二是改革貨幣制度，將鑄幣權完全收歸中央，改變貨幣混亂、國家無法控制金融的局面。西漢前期國家對鑄錢採取放任態度。朝廷鑄錢無統一標準，不僅形狀不一，所標重量也往往不足。諸侯鑄錢以壯大割據實力，吳王劉濞就曾開銅山，鑄錢幣。富商大賈則用鉛鐵雜入銅內，鑄造一些質地不純的錢幣，從中牟取暴利。武帝雖嚴令禁止私鑄錢幣，違者嚴厲懲處，但犯法的人多，不能全部捕殺。據《史記·平準書》記載，當時因盜鑄錢幣判死刑而受到赦免的有數十萬之眾，自首的一百餘萬，不敢自首的還不只這個數。針對亂鑄錢幣給國家經濟和社會治安帶來的嚴重問題，桑弘羊建議武帝進行幣制改革。元鼎四年（西元前 113 年），武帝接受桑弘羊的建議，下令整頓幣制，其主要內容是兩項：第一，將

「民不加賦而國用饒給」―西元前 115 年桑弘羊改革財政廣辟利源

鑄幣權完全收歸中央，禁止郡國和民間私鑄錢幣，此後，朝廷動用十萬人採銅鑄錢；第二，統一貨幣，朝廷鑄造一種「五銖錢」，作為唯一合法的錢幣通行全國，並責令各地方官將原有各種形狀和重量的舊幣一律收繳、銷毀，將銅材上交中央，由國家控制鑄錢原料。這次幣制改革，是中國有史以來首次將鑄幣權集中於中央，所鑄「五銖錢」也輕重合適，便於流通，從而制止了長期以來未能解決的私鑄之風，控制了全國的金融局面。

正因為桑弘羊理財有功，深得武帝的信任，元封元年（西元前 110 年），他又被提升為治粟都尉，並代理大農令，主持全國的經濟工作。在此後的十三年中，他一直掌管西漢王朝的財政大權，繼續廣辟利源，以支持封建國家龐大的財政開支。

一是全面實行鹽、鐵官營，大大增加國家收入。鹽、鐵官營，春秋時管仲相齊時就已提出。武帝於元狩六年（西元前 117 年）已頒令實行，並任命東郭咸陽、孔僅主持其事。東郭咸陽是齊之大鹽商，孔僅是南陽的大冶鐵商，他們靠煮鹽、冶鐵獲利累千金。當時的大農令鄭當時向武帝薦舉，任命他們為大農丞，主持鹽、鐵官營之事。他們在各地設立鹽、鐵官時，大多選用商人擔任。由於用人不當，對鹽、鐵官營法令執行得很不徹底，而且還出現了鹽鐵質量低劣、價

格太貴等問題。桑弘羊接手以後，大力加以整頓。他選派得力的大農部丞數十人，分別下到各郡國，對原有鹽、鐵官進行整頓、甄別，又新設了一批鹽、鐵官。鹽官的設置增至二十八郡的三十七處，鐵官增設至四十郡的四十九處。其分布之廣規模之大是空前的。鹽的生產銷售，是由政府招民自備資金，鹽官供給煮鹽工具和口糧，在統一督促下煮成的鹽全部由國家收購，然後再由國家賣給私人食用，煮鹽人不得私自銷售，用現在的話說就是統購統銷。鐵的官營，則是在郡國產鐵處由鐵官組織生產，不出鐵的郡國，則由鐵官組織銷售。鐵的生產、銷售主要採取國家統一經營的方式，有利於資金的籌集、技術的改進和產品質量的提高。冶鐵業的發展，反過來又促進了手工業和農業的發展。鹽、鐵官營，國家控制了這兩個重要的生產部門，便從經濟上削弱了諸侯王和地方豪富的實力，保證國家財政收入的穩定增長。

　　二是創立和實行均輸法。西漢前期，各郡國向朝廷定期輸納貢物。貢物的種類和數量，是根據朝廷的需要決定的，不一定是郡國當地的特產。一些郡國要完成貢物任務，必須到別的地方採買。因為所需數量較大，商人哄抬物價，再加上長途運輸，運費和損耗有時比貨物貴幾倍，這樣便增加了人民的負擔。元鼎二年（西元前 115 年），桑弘羊任大農丞時就創立了均輸法，企圖解決這一弊端。所謂均輸法，

「民不加賦而國用饒給」—西元前 115 年桑弘羊改革財政廣辟利源

就是將郡國應交貢物，一律按當地市價，折合成當地的土特產品，上交均輸官，再由均輸官運到缺乏這種產品的地方出售，政府便借這種產品的地區差價，從中獲得高額利潤。這樣做有許多好處：國家所需物資有保證，減少了長途運輸的困難，各郡國個必再派人四處採購，商人從中所得暴利轉化成國家收入。均輸法實行初期，鹽、鐵兩項重要物資還掌握在孔僅等人手中，孔僅下台、桑弘羊代理大農令以後，均輸法便在全國普遍推廣，物資的流通大為加速，京城長安和邊疆所需物資源源運到。元封元年（西元前 110 年），武帝北狩至朔方，東至泰山，遊海上至碣石，遠達遼西，巡北部邊境到九原，再沿秦始皇所築的直道回到甘泉宮，「所過賞賜，用帛百餘萬匹，錢金以百萬計，皆取足大農」（《史記·平準書》）。

三是在推行均輸法的同時，創立和實行平準法。所謂平準，就是在京師設立物資倉庫，儲存貨物，某種物資價格下跌時，由官府收購，上漲時再出售，以調理物價。這樣，官府不受損失，商人不能囤積居奇，牟取暴利，既解決了由均輸官運到京師的多餘貨物的出售問題，又滿足了官府和百姓對一些貨物的需求，於官於民都是有利的。

四是創建「酒榷」法，實行酒類專賣。漢代飲酒之風盛行，消耗量大，銷售酒的利潤也高。天漢三年（西元前

98 年），少府丞令建議實行「酒榷」，由國家對酒類實行專賣。桑弘羊積極予以支持，報請武帝批准後實行。酒榷法規定：由官府向私營釀酒作坊提供原料和酒麴，產品由國家統一收購，再賣給個人，設榷酒官進行管理。酒類專賣，是國家的又一大財源。

桑弘羊的財政改革，以「興利」為目的，卻帶動了武帝時期整個封建經濟的繁榮。據史書記載，僅山東一地漕運糧食增加到年六百萬石，太倉、甘泉倉堆滿糧食，邊地有了餘糧。由於均輸法的推行，各地貨物流通營利帛五百萬匹，「民不加賦而國用饒給」，數以億計的軍費、賞賜和朝廷費用能夠滿足。桑弘羊也因此得到左庶長的爵位和黃金兩百斤的賞賜。

「輪台之詔」以後兩年，漢武帝離開人世，八歲的昭帝劉弗陵繼位，桑弘羊與霍光、上官桀、金日磾成為輔政大臣。輔政大臣以霍光為首。他接受「輪台之詔」的基本思想，主張「輕徭薄賦，與民休息」，對前期的經濟政策作些調整。昭帝始元六年（西元前 81 年），他下令徵求意見，問「民間疾苦」。各地反映要求罷除鹽鐵官營、酒類專賣政策。桑弘羊當然不贊成。霍光便以昭帝名義召集各地儒生（「賢良」、「文學」）六十多人，進行了一次公開辯論，這就是歷史上有名的「鹽鐵會議」。辯論的結果，一方面肯定了武帝

「民不加賦而國用饒給」—西元前 115 年桑弘羊改革財政廣闢利源

時期桑弘羊所進行的財政改革的成績，一方面又為昭帝時期調整某些經濟政策作了輿論準備。由於桑弘羊對經濟形勢作了過分樂觀的估計，仍如武帝時期那樣一味進取，與霍光在政見上產生了分歧，並嚴重影響到兩人的關係。鹽鐵會議以後，桑弘羊又捲入了與上官桀迎立燕王為帝的活動，陰謀敗露後，桑弘羊於元風元年（西元前 80 年）被霍光處死。漢宣帝時，桓寬根據鹽鐵會議當時的記錄，整理出一部對話體的名著《鹽鐵論》，記載了這次會議的情況，保留了桑弘羊堅持改革的基本主張。

古羅馬共和國走向滅亡 —— 西元前 107 年古羅馬的馬略軍事改革

　　馬略的軍事改革是發生在古羅馬共和國晚期的一個重大的歷史事件。改革是在西元前 107 年到西元前 101 年間進行的，它不僅對羅馬軍隊，而且還對其社會乃至羅馬的歷史進程產生了很大的影響。馬略的軍事改革既是羅馬奴隸制城邦危機的產物，同時也是共和國傾覆的導因之一。

　　兵農合一的公民兵制是羅馬奴隸制城邦的重要組成部分。這一兵制始自王政時代，又為共和國所繼承，並一直沿用到馬略改革前。傳統的公民兵制在西元前六世紀塞爾維烏斯‧圖里烏斯改革中得以完形，主要內容有：① 以財產為基準劃分不同的等級，並按此等級給合格者以服兵役的權力和義務。② 服兵役者須自備武器且沒有報酬。③ 服役年齡在十七歲到六十歲之間。軍隊實行百人隊編制。公民兵制的軍隊特點是平時為農，戰時為兵。公民兵制的內容及特點基本保留到共和國晚期。

　　古羅馬共和國從建立之初起就不斷地侵略與擴張，到西元前二世紀時，它不但完成了對義大利的征服，而且早已把它的勢力伸向地中海沿岸的地區和國家，並逐漸登上了地中

古羅馬共和國走向滅亡—西元前 107 年古羅馬的馬略軍事改革

海霸主的地位。在此期間，公民兵制下的軍隊為其主要支柱。但到西元前二世紀，傳統的軍事制度已不再符合當時羅馬社會及其對外戰爭的要求，兵源不足已漸漸成為一個嚴重的問題。

造成兵源不足有多方面的原因。一方面，由於戰事的頻繁、戰爭中的自然減員以及士兵素養下降和士氣低沉，使得對兵源的需求量增加。另一方面，隨著奴隸制的發展和完善，到西元前二世紀，奴隸勞動排擠並取代了小農在羅馬社會經濟生活中傳統位置，又加上戰爭的沉重負擔及破壞，使得大批小農破產失地，這樣，傳統公民兵制的主要組成者 —— 小農已基本喪失。據統計，西元前 203 年公民人數約為二十一萬四千人，西元前 193 年約為十四萬四千人。可見，兵源匱乏已十分嚴重。這兩方面的矛盾促使兵源不足的問題更為嚴峻，因而羅馬的軍事制度亟待改革。在馬略之前，曾有不少人嘗試變革，但均未形成定製。格拉古兄弟改革是其中最有代表性的，但仍以失敗而告終。最後這一改革的任務就由馬略來完成。

西元前 111 年開始的朱古達戰爭是馬略改革的契機。朱古達戰爭使羅馬政治、軍事制度的腐敗暴露無遺。由此帶來的戰事失利，引起了平民和騎士階層的不滿。當時羅馬軍團的指揮官是克拉特魯斯，馬略為其副將。但在平民與騎士的

擁護下，馬略當選為西元前 107 年的執政官，並取代克拉特魯斯成為米古達戰爭的總指揮。上任之後，為增強羅馬的軍事力量，改善軍隊狀況，馬略進行了著名的軍事改革。

馬略的改革主要針對兩個方面進行，即解決兵源問題及提高軍隊戰鬥力。

馬略為解決兵源問題而採取的措施是：以募兵制代替公民兵制。募兵制包括四個方面：

■ 取消對服兵役者的財產資格要求，並吸收志願者入伍。

■ 實行軍餉制並由國家提供武器裝備，既保障了士兵的生活又可吸引兵源。

■ 相應地延長服役年限，一般認為是十六年，以適應新的戰爭特點的要求。

■ 服滿兵役後的老兵將獲得一定數量的土地，作為服兵役的報償，先前擁有土地財產是服役的必備條件，現在服役則能獲得土地，這對處於破產失地境遇中的小農有很大的吸引力。

改革的另一方面是針對軍隊本身在戰爭中所暴露的弊端。主要有：

■ 以嚴明的紀律和近似殘酷的方法訓練軍隊，使原來渙散而又不懂作戰技能的士兵個體素養有了很大的提高。

古羅馬共和國走向滅亡─西元前 107 年古羅馬的馬略軍事改革

- 改原來由西庇阿設立的中隊製為聯隊制，每個軍團分為十個聯隊，每個聯隊轄三個中隊。
- 取消原來的兵種差別，統一為重裝步兵，騎兵與輕裝步兵等則主要由同盟軍隊提供。
- 透過國家供給武器輜重，使得羅馬軍團得以根據新的戰爭要求以及編制特點，統一併改良武器。

馬略的軍事改革發生在西元前 107 年到前 101 年，主要是在與朱古達及對日耳曼人的兩大戰爭中完成的。募兵制是馬略軍事改革的第一項內容，也是最根本的內容。馬略的改革幾乎沒有遇到任何阻力，而且募兵制推行不久，他就徵集了足夠數量的軍隊開赴戰場。

馬略的改革，不僅基本解決了兵源問題，而且給羅馬軍隊帶來了新的面目、新的特點。大量無產者入伍使羅馬軍隊成為一支與城邦無直接關係、沒有傳統特權的公民所組成的隊伍，其性質與作用都發生了變化。軍餉制等改變了官兵之間最初由國家使命所聯結的關係，從而出現了「將可私兵」的局面。同盟者在軍隊中的新地位有助於他們社會政治地位的改善，而聯隊制的創建順應了軍隊戰術變化的要求。改革後的軍隊在戰爭中取得了很大的成功。

馬略的改革使羅馬軍隊職業化，它不僅被用於內外戰爭與鎮壓，同時也成為少數人爭奪政治權力的工具，直接導致

以後的軍事獨裁，成為國家的主要威脅。因此，馬略的軍事改革也是導致羅馬共和國滅亡的原因之一。另外，軍隊的職業化是羅馬軍隊發展史上的重要一環，當奧古斯都元首制確立以後，才最終完成由公民兵向常備正規軍的轉變。

奠定羅馬帝國的基礎——
西元前 49 年的凱薩改制

　　凱薩是古羅馬的一位偉大統帥，在世界軍事史甚至世界史中都具有重要的地位。凱薩的歷史作用，在於他為羅馬從共和國轉變為帝國做出了重要貢獻。他死後不久，羅馬便成為一個統一的大帝國。凱薩畢生征戰，用兵有方，其軍事著作《高盧戰記》和《內戰記》是研究古羅馬軍事史的重要文獻。後來「凱薩」成為羅馬及歐洲某些國家帝王的一種頭銜。

　　蓋烏斯·尤里烏斯·凱薩出生於西元前 100 年，正是羅馬共和國發生嚴重政治危機的時代。這時，羅馬的經濟基礎發生了巨大變化，已成為西方古典時代奴隸制度最發達的國家。原來的小農業已完全被大規模使用奴隸勞動的大莊園取代，直接的軍事掠奪和以貢賦等方式對被征服地區進行的壓榨，使地中海沿岸各地的財富大量湧入義大利，加速了羅馬的社會分化。

　　經濟上的巨大變化，自然要影響到羅馬的政治生活，被征服的土地在日益擴大，由僱傭軍組成的常備軍在不斷擴充，奴隸人口在急遽增加，由失業小農民和被釋奴隸構成的游民階層也在大量湧向首都，這就需要大大加強國家機器才

能應付，但這時的羅馬國家體制卻基本上還是當年台伯河上那個小公社的那套城邦制度。那年年重選的文官政府、臃腫不靈的公民大會和由少數世代掌權的豪門貴族壟斷的元老院，根本無法適應這個局面。從西元前二世紀三零年代起，就不斷有人從不同的角度出發，提出各種民主改革方案，但都因為觸犯豪門貴族的利益，而受到盤踞在元老院的一小撮所謂貴族共和派的反對。此後，主張民主改革的人前僕後繼、奮鬥不息，民主運動從合法的要求改良逐漸發展到採取陰謀暴動甚至內戰的方式。西元前 82 年，豪門貴族的保護者蘇拉用血腥的大屠殺鎮壓了反對派，民主運動才一時沉寂下去。但大屠殺並不能消除引起要求改革的根源，蘇拉死後不久，民主運動馬上就捲土重來。這時，羅馬貴族共和政府的孱弱無能、社會秩序的動盪不安、軍人的專橫跋扈，已經大大削弱了國家的力量，到西元前一世紀七零年代，局勢終於發展到極為可慮的地步。東方強鄰的進攻和西方行省的割據都還在其次，嚴重的是地中海上的海盜橫行和斯巴達克斯所領導的奴隸起義。海盜橫行不但使沿海地帶民不聊生，連羅馬也因海外的糧食運不進來而有斷炊之虞；奴隸起義使義大利遭到漢尼拔戰爭以來最沉重的一次兵災，而且從根子上震撼了羅馬的奴隸制度，打擊了奴隸制經濟。奴隸起義迫使奴隸主對剝削奴隸和經營田產的方式做出了某些改變，也迫使

奠定羅馬帝國的基礎—西元前 49 年的凱薩改制

奴隸主改變了控制奴隸的方法，更重要的是迫使他們不得不變換已不能保障奴隸制經濟發展的共和政體。凱薩就是在這種情況下登上政治舞台的。

凱薩出生於羅馬的一個古老但已沒落的貴族家庭，由於他和老一輩的民主派領袖馬略和秦那有親誼，青年時代就受到貴族共和派的排擠，迫使他一開始就站在民主派一邊，逐漸成為反對派的領袖，同時凱薩一面也按部就班地從財務官、工務官升到司法官。西元前 61 年，凱薩出任西班牙行省總督。在那裡，他很快組織了一支軍隊征服了當地的一些獨立部落。戰爭的勝利使他的士兵都發了財。西元前 60 年，凱薩返回羅馬，卻遭到元老院的漠視。但在這時，凱薩除了在街頭的游民階層中擁有巨大的號召力以外，沒有別的政治資本，為此他設法跟當時在軍隊中有極大勢力的克耐猶斯·龐培和代表富豪們即所謂騎士階層的羅馬首富馬古斯·克拉蘇結成「三頭同盟」。當然，這三個人代表的是三個不同利益的集團，只是因為同樣受到把持元老院的貴族共和派的排擠，才走到一起的。凱薩在這兩個人的共同支持下，當選為西元前 59 年的執政官，但由於元老院的掣肘，並沒有什麼大的建樹。

這時，經過半個多世紀的政局動盪，羅馬統治集團中無論哪一派的領袖人物，都從實際經驗中體會到，要掌握政

權，必須先有一支武裝力量，只有利用武力，才能在政治上
有所作為。因此，凱薩在執政官任期屆滿之後，竭力設法爭
取到高盧行省去擔任行省長官，目的是趁在高盧的機會訓練
起一支自己的軍隊，作為政治上的後盾；同時，還可在高盧
大肆開拓疆土，擄掠奴隸，既為自己在羅馬的奴隸主階級中
取得聲譽，又可乘機積聚起一大筆財富來作為今後政治活動
的資本。

　　凱薩在西元前58年前往高盧，到西元前49年初方回義
大利。他在高盧的九年中，據普魯塔克說，共屠殺了一百萬
人，俘虜了一百人。他本人和他部下的將史都發了大財。這
使他能在羅馬廣施賄賂，甚至一直賄賂到要人的寵奴身上。
凱薩還利用自己的龐大財力為平民舉辦各種演出，發放大宗
的救濟款，並在義大利許多城鎮興建大量工程，既討好了貴
族，也討好了因此獲得工作機會的平民。這樣，凱薩在義大
利公民中的聲望，漸漸超出「三頭同盟」中的其他兩人，特
別是他借高盧作為練兵場所，訓練出一支當時共和國最能征
慣戰的，而且是一支只知有凱薩、不知有國家的部隊。

　　凱薩的成功刺激了克拉蘇，他在西元前53年趕到東方
去發動對安息的戰爭，希望在那邊取得跟凱薩同樣的成功，
不料全軍覆沒，埋骨他鄉。這樣就使得原來鼎足相峙的「三
頭同盟」，只剩下凱薩和龐培兩雄並立，於是他們彼此間的

奠定羅馬帝國的基礎—西元前 49 年的凱薩改制

猜忌日益加深，加上元老院中一些人的從中挑撥拉攏，龐培終於和凱薩決裂，正式站到了元老院一邊，成為貴族共和派藉以對抗凱薩的首領。西元前 49 年一月十日凱薩兵渡魯比孔河，以迅雷不及掩耳之勢進入義大利，龐培措手不及，帶著全體政府人員和元老院倉皇逃出羅馬，渡海進入希臘，聽憑義大利落入凱薩手中。次年冬天，凱薩也趕到希臘，在法薩盧斯一戰擊敗龐培主力。龐培逃往埃及，被埃及人就地殺死。凱薩在肅清了其他各地龐培餘黨後，重新統一全國。

凱薩一個行省一個行省地肅清龐培餘黨的征戰，也就是掃除羅馬貴族共和體制的殘餘影響，建立新的統治機器的過程。因而，被凱薩重新統一了的這個羅馬國家，已不再是過去的那個軟弱無力、遇事拖拖沓沓的舊的羅馬共和國。它已經是一個全新的中央集權的軍事獨裁國家，已經能夠像身之使臂、臂之使指那樣地統一指揮全國了，這對地中海沿岸各地區的經濟發展和文化交流提供了有利條件。

挽救不了的衰敗──
西元三世紀戴克里先和君士坦丁改革

　　在羅馬帝國經歷了三世紀危機以後，為了挽救走向衰弱的帝國，戴克里先和君士坦丁先後進行了一系列的改革。

　　三世紀危機沉重地打擊了奴隸制度，使羅馬帝國進入垂死階段。在這種情況下，284 年，近衛軍長官戴克里先登上帝位。他建立了軍事專制統治，將元首稱號正式改為君主「多米那斯」。這個稱號的本身意義就說明了他同帝國全體居民間關係是主僕關係、君臣關係。同時，他採用君主制即「多米那特」統治，使中央政權高度集中。戴克里先撇開了共和的外衣，使羅馬國家制度完成了由元首制向公開的君主制的轉化。為了加強中央集權、強化國家機器，並以此達到鎮壓人民反抗，鞏固奴隸制社會基礎的目的，戴克里先統治期間（284-305 年）進行了一系列的改革。

　　戴克里先所實行的改革是多方面的，主要可以歸納為四個方面。第一是政治方面。戴克里先面對國家內外嚴峻的形勢，決定實行分權統治。他把帝國分成四個部分，由四個統治者治理，實行所謂「四帝共治」。在四個統治者中，兩人稱「奧古斯都」為正職，兩個稱「凱薩」為副職，正職空缺

挽救不了的衰敗—西元三世紀戴克里先和君士坦丁改革

時由副職遞補，並劃分各人的統治區域。另外，為了削弱地方權力和防止行省獨立，縮小原有行省規模，將全國劃分為一百個行省，義大利也成為行省之一。每十到十二個行省合成一個大行政區。行省中軍權與民政權力有鮮明的區分。整個帝國分而不割，保持統一，最高權力屬戴克里先。第二是軍事方面。把軍隊分成邊防部隊和內部機動部隊。邊防軍戍邊，以御外族入侵；機動部隊則分駐各行省，防止人民起義，用於鎮壓。軍權亦集中於中央。軍團增至七十二個，共六十萬人左右。徵兵方面，實行義務兵役制，並以志願兵為補充。他開始徵募隸農服役，並吸收蠻族補充邊防軍隊。第三，在經濟方面，戴克里先改革了稅制和幣制。新的稅制規定：全體鄉村居民繳納人頭稅和土地稅合一的賦稅，城市則按手工業、商業等不同職業分別定稅。官吏、老兵、無產者和奴隸免稅。這樣，把自由民和隸農固定在土地上，把手工業者和商業經營者也限定在各自的行業中，刺激了封建因素的產生，人身依附加強。幣制改革是為了改善金融流通，鑄造新的金幣，統一成色、兌換價等指標，改變過去濫發貨幣的現象。301 年又頒布「物價敕令」，規定商品最高價格。第四，在宗教政策上實行對基督教的迫害，主張復興古老的羅馬宗教。同時，戴克里先強調皇權的神性起源。這引起了來自基督教的消極抵制。於是，303 年戴克里先頒布反基督教

敕令，禁止基督徒舉行宗教儀式，以後發展成為對教徒的嚴厲迫害。

　　戴克里先的這些改革對羅馬帝國的穩定造成了一定的作用，但在戴克里先退位以後，帝國又一次陷入混亂之中。最後君士坦提烏斯奪得了政權，306 年他死後，其子君士坦丁被不列顛駐軍擁立為「奧古斯都」，即君士坦丁一世。君士坦丁一世經歷了十八年爭奪帝位的戰爭以後，於 323 年廢除了四帝共治局面，恢復了帝國的統一。君士坦丁成了羅馬唯一的統治者，各種權力集於一身。他在位時，管理政策基本是戴克里先政策的延續，但也在此基礎上進行了一些新的改革。

　　首先，君士坦丁一世在廢除四帝制的同時，將帝國分為高盧、義大利、伊利里亞和東方四個大行政區，其下設行政區，再次為行省。由於當時經濟、文化中心東移，為了便於加強統治，330 年君士坦丁把帝國首都由羅馬遷至拜占庭，改名為君士坦丁堡，號新羅馬。於是羅馬帝國的政治中心也移到東方。其次在軍事方面，他解散了驕橫的近衛軍，用重新組織的特殊的宮廷親衛部隊來代替，軍事權力完全集於皇帝手中。與此同時，過去將土地授予退伍老兵的辦法，現在變成單純用來強制土地領受者的後代當兵的奴役手段。而且這時的軍隊蠻族化趨勢明顯，許多蠻族出身的人已在軍隊中

挽救不了的衰敗—西元三世紀戴克里先和君士坦丁改革

擔任高職。第三，君士坦丁頒布對隸農和手工業者的敕令。兩次重申了奴隸主有權殺死奴隸，規定逃亡奴隸加重處罰，貧民出賣兒女為奴是合法的，甚至把隸農當做世襲的土地奴隸，束縛在土地上，使之奴隸化，用以維護奴隸制。第四，對宗教，君士坦丁採取了比戴克里先更為明智的方針。他順應時代的潮流，於 313 年頒布了米蘭敕令，規定教徒信仰自由，承認基督教的合法地位等。君士坦丁利用基督教作為鞏固政權的工具，使基督教的地位不斷提高。從此，教會事務和教義問題已被認為是國務問題，基督教已成為事實上的國教。

戴克里先和君士坦丁雖然採取了一些改革措施，以維護奴隸制，儘管這些政策造成了短暫的效果，使國家獲得暫時穩定，但它無法改變羅馬帝國滅亡的命運。在他們的統治之下，社會的各種矛盾反而更加激化，從而加深了羅馬奴隸制的危機。在君士坦丁死後，其繼承者們重又陷入爭奪帝位的混戰。395 年，最後一個統一的皇帝狄奧多西死後，羅馬帝國再也不能維持昔日帝國的統一及雄威，分裂成為東、西兩個帝國，而西羅馬帝國的滅亡已為時不遠了。

歐洲歷史進入封建的「中世紀」——
西元 476 年西羅馬帝國的消亡

羅馬共和國在不斷內亂的打擊下，共和制逐漸走向沒落，政權落在了獨掌兵權的屋大維手中，開始了羅馬帝國時期。

西元一至三世紀，由於內戰的結束和對周邊民族和地區擴張戰爭的暫時停止，航海和技術的進一步發展，羅馬帝國社會經濟出現了一個長期穩定和發展時期，即「羅馬和平」。帝國西臨大西洋，東至美索不達米亞，北抵萊茵河與多瑙河流域，南及北非廣大地區，成為稱雄一時的強大帝國，羅馬城則被稱為「永恆之城」。

在西元三世紀，帝國出現了全面危機。奴隸主殘酷的壓榨，使奴隸失去了最低限度的勞動積極性。他們消極怠工，甚至毀壞莊稼。農業的衰敗波及到工商業，城市也失去了商旅雲集的繁榮景象。大莊園主挖溝築壘，建立私人武裝，逐漸演化成割據地方的豪強地主，大大削弱了中央的權力。各行省的駐軍自立首領，擁兵自重。皇帝成為地方軍閥的傀儡。

西元 238 年，元老貴族擁立的四個皇帝相繼被軍人殺死。隨後的十五年裡，走馬燈似的換了十個皇帝。軍人出身的皇帝戴克里先和君士坦丁，利用自己對軍權的控制，一度

歐洲歷史進入封建的「中世紀」—西元 476 年西羅馬帝國的消亡

強化了集權統治。君士坦丁還將首都遷到拜占庭，定名為君士坦丁堡，企圖借助東方行省的經濟力量來維持帝國的實力。君士坦丁力圖保持奴隸制度，強調奴隸主的特權。他正式承認基督教的合法地位，利用基督教宣揚忍耐、順從的教義作為精神統治的支柱。但君士坦丁挽救不了奴隸制帝國的命運，帝國內部不斷爆發起義，周邊民族的不斷入侵更加劇了帝國的危機。

西元 263 年，西西里爆發了大規模的奴隸起義；273 年，羅馬造幣廠奴隸也掀起了爭取自由的鬥爭。大約與此同時，高盧爆發了大規模的「巴高達」運動。起義軍占領許多城市和鄉村，推舉自己的首領為皇帝。

四世紀三零年代，北非爆發了阿哥尼斯特（意為「戰士」）運動，他們到處打擊奴隸主和大地主，使西羅馬帝國統治更加虛弱。

搖搖欲墜的羅馬帝國又受到日耳曼人的攻擊。日耳曼人驍勇善戰，被羅馬人稱為蠻族。他們在西進的匈奴人的逼迫下，成群結隊自東向西遷徙，潮水般地湧入羅馬帝國境內。日耳曼人中的西哥特人遷居到巴爾幹半島北部，不堪忍受羅馬官吏、奴隸主的壓迫，開展了英勇的反抗鬥爭。

在內外交困的打擊下，西元 395 年，羅馬帝國一分為二：以君士坦丁堡為首都的東羅馬帝國和以羅馬城為首都的

西羅馬帝國。

西羅馬帝國的噩夢並沒有結束。五世紀初，西哥特人再次大舉進攻。西哥特人首領亞拉里克率領大軍開進義大利，直逼羅馬。出征前，亞拉里克向妻子許諾：要讓羅馬城裡最有地位的貴婦人侍奉她，要把羅馬城內的財寶都贈給她。

當時，西羅馬十七歲的皇帝荷拉留是個低能兒，聽說西哥特人攻來，嚇得手足無措。幸好他的執政官斯提里科精明強幹，迅速調來軍隊，利用西哥特人慶祝復活節的時機，偷襲西哥特人，獲得大勝，並且俘虜了亞拉里克的妻子。斯提里科雖然取得了勝利，但他深知，西羅馬絕不會最終打敗西哥特人的。因此，他與亞拉里克訂立了和約，結為盟友。

幾年後，西羅馬有位將軍反叛，斯提里科想借助亞拉里克的力量平息叛亂。不料此舉遭到羅馬元老院的強烈反對。元老院貴族向皇帝進言，說斯提里科想利用亞拉里克推翻皇帝，企圖讓自己的兒子當皇帝。低能皇帝聽信讒言，下令處死了斯提里科父子。羅馬皇帝此舉正好給亞拉里克製造了發難藉口。亞拉里克以替朋友和盟友斯提里科報仇為由，率軍進入義大利，直逼羅馬城下。

亞拉里克率軍團團圍住羅馬城，並切斷了羅馬城內的糧食供應。眼見各地奴隸貧民紛紛投奔亞拉里克，而羅馬城內因饑荒和瘟疫而一片蕭條，皇帝荷拉留龜縮在拉溫那又不思

歐洲歷史進入封建的「中世紀」—西元476年西羅馬帝國的消亡

解圍，羅馬城內的貴族不得已派人向亞拉里克乞降。亞拉里克傲慢地對羅馬使臣說，羅馬城除了居民的生命，其他的東西都要帶走。羅馬使臣又試探著說：「城內還有積極備戰的士兵。」言外之意是羅馬人不能接受太過苛刻的條件。亞拉里克大笑著說：「那好，草長得越茂盛，割起來越順手！」經過再三請求，亞拉里克答應撤兵。西羅馬為此付出的是大批財寶、釋放所有外族奴隸、派貴族子弟當人質的代價。

不過，西羅馬皇帝對這個結局，並不難過。他拖延時間，等東羅馬援軍到來後，他明確宣布，拒絕與亞拉里克簽訂和約。亞拉里克決定攻陷羅馬。410年，西哥特人聯合匈奴再次進軍羅馬城。奴隸們在夜間打開城門，迎接西哥特人。這座固若金湯的「永恆之城」，八百年來第一次陷入敵手。昔日奢華的帝都慘遭洗劫：到處是屍體和鮮血，許多人被賣為奴隸，羅馬城失去了往日的繁榮。

西元476年，日耳曼僱傭軍統帥奧多亞克廢黜了西羅馬末代皇帝羅慕路斯·奧古斯都，西羅馬帝國滅亡了。

此後，定都君士坦丁堡的東羅馬帝國繼續存在了大約一千年的時間，但它已失去了昔日羅馬帝國的輝煌。從此，歐洲歷史進入了封建統治的中古時代，被稱為「中世紀」。

「贓滿一匹者死」的懲貪之舉 ——
西元 477 年魏孝文帝的改革

　　北魏太武帝拓跋燾統一北方後，經過三代，傳到拓跋宏為帝，便是著名的孝文帝。當他繼位的時候，北魏社會上各方面的矛盾都日趨尖銳。西元 471 年，青州高陽民封辯起義，自號齊王，聚眾千餘人。第二年，有光州人孫晏等也聚眾千餘人起義。西元 477 年，更有秦州略陽人王元壽起義，聚眾達五千餘家，自稱沖天王。起義一起接著一起地衝擊著北魏的封建統治。為了緩和階級矛盾，調整統治階級內部矛盾，鞏固自己的統治，孝文帝進行了一系列的改革。

實行俸祿制

　　孝文帝以前，官吏都不給俸祿，放縱他們去貪汙和掠奪人民。史書記載，「魏百官不給祿，少能以廉白自立者」，「唯取給予民」。有一次，拓跋燾要出征，向老百姓徵調驢子馱運軍糧，讓公孫軌負責。公孫軌便公然下令，每一頭驢要加一匹絹當賄賂，才能收受。當時人都說「驢無強弱，輔脊（背著絹）自壯（就算壯的）」。這個公孫軌一向貪汙成性，剛做官時，「單馬執鞭」而來，卸官回家時，竟然「從車百輛，載物而南」。官吏這樣貪贓枉法，不能不加重人民的痛

苦，激起人民的反抗。

西元 484 年，孝文帝開始「班百官之祿，以品第各有差」，對官吏實行俸祿制度，規定：「戶增帛三匹、粟二石九斗，以為官司之祿」。同時，制定了嚴懲官吏貪汙的法律 ——「贓滿一匹者死」。

俸祿制的實行，增加了人民的賦稅，但比起以前放任官吏恣意貪汙、搶掠來說，對人民是有利的。因而，遭到一部分貪贓枉法慣了的官僚們的反對。班祿以後，先後犯贓被處死的官吏竟達四十多人，使北魏的吏治出現了一個新的局面。

實行均田制和三長制

北魏的豪強地主勢力非常強大。他們仗勢「蔭附」大量民戶，替自己耕種田地、驅使奴役，致使「百室合戶，千丁共籍」，蔭戶完全隸屬於豪強宗主之下。這些「蔭附者皆無官役」，受「豪強徵斂，倍於公賦」。孝文帝為了和豪強地主爭奪人口、勞動力和緩和農民的反抗，鞏固封建統治，便在西元 485 年和 486 年先後實行了均田制和三長制。

均田制規定：男子十五歲以上，受（給）露田四十畝，婦人二十畝，奴婢與平民一樣授田。丁牛一頭，受田三十畝，限四牛。所授的露田，如系休耕一年的，多授四十畝，休耕二年的，再多授四十畝。露田不準買賣，身死或年老不能耕種時，必須歸還政府。男子還授給桑田二十畝，種桑

五十株、棗五株、榆三株,皆為世業,不再還給政府。田地不足的地區,「聽逐空荒」,可遷往他郡。

孝文帝實行的均田制,是北魏早先實行的「計口授田」的推廣和發展。它只限於在政府控制的無主荒地上實行,並不侵犯地主已經占有的土地,而且還透過奴婢和耕牛授田,肯定了地主比貧苦農民受有更多的田地。儘管如此,均田制的推行對於加強北魏中央政府的力量,開墾荒地,恢復、發展農業生產還是造成了積極的作用。

三長制規定:五家立一鄰長,五鄰立一里長,五里立一黨長。「三長」的職責是檢查戶口,徵收租稅和征發徭役。它是北魏的基層政權組織。三長制與均田制相輔而行,加強了政府對人民的控制;同時也透過清查戶籍,與豪強地主爭奪勞動力,爭奪人口,使向政府納稅的戶口大為增加,相對地減輕了每戶農民的負擔。三長制實行後,北魏政府頒行了新的賦稅制,一夫一婦每年出帛一匹,粟二石。農民比起過去的賦稅負擔,確實減輕不少。

遷都洛陽和漢化政策

為了加強對中原地區的統治,接受漢族文化,消除鮮卑族和漢族間的隔閡,以便進一步拉攏漢族地主士大夫,鞏固北魏的統治,孝文帝決心把都城從位置偏北的平城,遷到中原的洛陽。

「贓滿一匹者死」的懲貪之舉—西元 477 年魏孝文帝的改革

遷都問題在朝廷中引起了巨大震動，許多鮮卑貴族、官吏都反對遷都。於是，孝文帝便宣布要大舉南伐，卻又遭到以任城王拓跋澄為首的貴族、百官反對。孝文帝在退朝後，單獨留下拓跋澄，對他說明了遷都的重要性，並告訴他南伐是假。目的是率領眾人遷都中原。拓跋澄醒悟過來，改為全力擁護孝文帝的「南伐」遷都計劃。西元 493 年，孝文帝發兵二十萬，號稱三十萬，開始「南伐」。大軍到達洛陽後，孝文帝仍然「戎服執鞭，御馬而出」，表示要繼續前進。群臣都跪在馬前叩頭，請求他不要再南進了。這時，孝文帝乘機說，「若不南鑾（南征），即當移都於此」，並且下令：願意遷都的站在右邊，不願意的站在左邊。所有隨軍貴族、官吏都紛紛站到右邊，高呼萬歲。於是，孝文帝便乘勢定都洛陽。

洛陽是當時中原地區政治、經濟、文化的中心，遷都洛陽對北魏和拓跋族的發展，都具有很大的意義。

孝文帝遷都前後，還頒行了一系列的漢化措施：

■ 改鮮卑姓為漢姓，禁止鮮卑族同姓通婚，鼓勵鮮卑人和漢人結婚。孝文帝把皇族拓跋氏改為元氏，丘穆陵氏為穆氏，步六孤氏為陸氏，達溪氏為奚氏，乙旃氏為叔孫氏。把漢族的高門世族列為甲、乙、丙、丁四等，親自制定條例，規定鮮卑族的八個大姓與漢人頭等貴族崔、

盧、李、鄭四姓門第相當。他親自娶漢族大姓女為後宮，又給他的弟弟們娶漢族大姓女為妻室，以示提倡。

- 禁士民胡服，一律改穿漢裝。孝文帝親自在光極堂給群臣頒賜了漢族的「冠服」，讓他們穿戴。他看見街上鮮卑婦女仍有穿「夾領小袖」衣服的，大為發怒，把群臣責備了一番。以後漢服逐漸推廣開來了。

- 禁止說胡語，改說漢話。具體規定，三十歲以上的人「習性已久」，可以慢慢改，三十歲以下的人要立即改過來，在朝廷為官的，再說胡語，就要「降爵黜官」。

孝文帝的改革，不斷遭到鮮卑族某些貴族的阻撓和反對。他們策動太子拓跋恂陰謀發動叛亂。結果，孝文帝將太子囚禁，廢為平民，不久用藥酒毒死。他們還在平城多次陰謀起兵，自立一國，也都被孝文帝嚴厲鎮壓下去。以後，各項改革逐漸地推行下去。

孝文帝是中國歷史上一個傑出的皇帝。他的改革促進了北方社會經濟的發展，和各民族的相互融合，對於中國多民族國家的形成和發展作出了積極的貢獻。

破舊立新，垂法後世——
西元 588 年楊堅創建隋制

　　楊堅是隋朝的開國之君，又是在中國歷史上起過顯著進步作用的封建政治家和改革家。他順應歷史發展的趨勢，適應人民渴望統一的願望，結束了西晉以後連續三百年分裂動亂的局面，重建並鞏固了多民族的封建國家。同時，他又繼承、綜合魏、晉以來的前代舊制，加以因革損益，創建了多種新制，從而加強了封建中央集權，維護了當時社會的穩定，發展了社會生產。著名歷史學家範文瀾曾經指出：「秦始皇創秦制，為漢以後各朝所沿襲，隋文帝創隋制，為唐以後各朝所遵循，秦、隋兩朝都有巨大的貢獻，不能因為歷年短促，忽視它們在歷史上的作用。」（《中國通史》第三冊）楊堅生於西魏七年（西元 541 年），弘農郡華陰（今陝西華陰）人。其父楊忠先仕魏，為大將軍，後仕北周，官居柱國大將軍，封隋國公，食邑萬戶，隨後拜大司空、元帥、太傅，直至天和元年（西元 568 年）逝世。楊堅承襲父爵為隋國公，娶鮮卑大貴族、柱國大將軍獨孤信的女兒為妻，後又將自己的女兒許配周宣帝為皇后。他憑著父親的政治影響和皇親國戚的條件，拜為上柱國、大司馬，在北周朝廷逐步形成了一

個以他為首的政治集團。北周大象二年（西元580年），周宣帝病故，其子宇文闡年僅八歲，在一群關西人士和鮮卑貴族的合謀引薦下，他入朝輔政，以大丞相身分獨攬朝政。他上台後鎮壓了反叛者，誅殺了北周宗室諸王，於次年（西元581）迫使北周靜帝「禪位」，自己稱帝，改國號為隋，建都長安。開皇八年（西元588年），隋文帝楊堅以晉王楊廣為統帥，率兵五百一十八萬人大舉伐陳，於次年攻破金陵，俘獲荒淫腐化的陳朝末代皇帝陳叔寶，鎮壓了江南地方豪強勢力的反抗，完成南北統一大業，這是楊堅的一大歷史功績。

在取代北周和統一江南的進程中，楊堅就著手進行了一系列具有重大意義的改革。

在職官制度方面，改秦漢以來的三公（司徒，即丞相；司馬，即太尉；司空，即御史大夫）九卿（太常、郎中令、衛尉、太僕、廷尉、大鴻臚、宗正、治粟內史、少府）製為三省六部制。三省即尚書省、內史省、門下省，三省的最高行政長官都是宰相。三省分權獨立，又互相牽制，共同處理國家軍政大事。六部即吏部、禮部、兵部、度支部（後改稱民部，唐又改為戶部）、都官部（後改稱刑部）、工部，六部隸屬尚書省。三省六部制在隋朝定型，又經過唐代的完善，一直沿襲到清朝，成為封建國家的最高行政機構，強化了中央集權。在地方行政方面，楊堅改北齊、北周的州、郡、縣

破舊立新，垂法後世—西元 588 年楊堅創建隋制

三級為州、縣兩級，裁撤郡一級機構和人員，並且規定州、縣官吏一律由中央任命，而且不得延引本地人為僚屬，避免豪強把持地方政權。這樣便加強了中央對地方的控制，提高了行政效率。

在選拔官吏方面，改「九品中正制」為科舉制。九品中正制是魏晉南北朝保證世族地主特權的選官制度。東漢末年，曹操當政，提倡「唯才是舉」，到他的兒子曹丕，於延康元年（西元 220 年）接受吏部尚書陳群的建議，推選各郡有聲望的人出任「中正」，將當地士人，按才能分別評定為九等（九品），政府按等選用官吏，謂之「九品官人法」，基本上保留了曹操用人「不計門第」的原則。到齊王曹芳正始年間，司馬懿當政，於各州設立「大中正」，任用世族豪門擔任，選官原則便以「家世」為重，從此，「上品無寒門，下品無世族」。九品中正制以出身門第取仕，成為世族地主階級操縱政權的工具。楊堅即帝位以後，下令廢除九品中正制，開始用考試辦法選拔人才擔任官吏，規定各州每歲舉三人給吏部。舉人的科目，有秀才、明經、進士等科。明經科考試內容為策問和經書，進士只試策問，比較符合庶族地主家庭出身的讀書人的要求，為他們進入仕途提供了機會，也更符合整個地主階級的根本利益。到唐代貞觀年間，李世民又對科舉制加以完善，規定進士科加試經史，並把進

士科提到明經科之上，使它處於獨尊地位，成為讀書人步入仕途必經的門檻。這種科舉制度一直延續到清朝末年，確實消磨了成百上千萬讀書人的體力和精力。難怪李世民有一次在端門看到進士們魚貫而出，高興地對侍臣們說：「天下英雄入吾彀中矣！」然而在他之前的隋文帝楊堅，當年廢除九品中正制，改行科舉制，其目的是為了打破魏晉南北朝以來門閥大族把持各級政權的局面，擴大政權的階級基礎，吸收庶族地主階級士人參加封建國家的管理，這是具有一定進步意義的。

楊堅還對府兵制和刑律進行了重大改革。府兵制是西魏大統年間為宇文泰所創建。全國共二十四軍，由六柱國分領，下設十二大將軍，二十四開府，軍士另立戶籍，與民戶相別。其弊病是府兵開銷全由百姓負擔，統率權又不容易集中於中央，少數府兵實際成為了地方豪強的武裝。開皇十年（西元 590 年），楊堅頒布詔令，規定府兵全家戶籍歸屬州縣，同農戶一樣授田。軍人稱「衛士」，平時務農，農閒接受訓練，仍歸軍府統領。全國設十二衛大將，分統諸府衛士，進一步把府兵的統率權集中於封建國家的中央。衛士接受朝廷派遣，輪番戍衛京師或防守邊境，完成軍事任務。這樣便改變了兵民分別管理的舊制，把府兵制與均田制結合起來，開始了向「兵農合一」轉變，於戰於農都有利，也相應

破舊立新，垂法後世—西元 588 年楊堅創建隋制

減輕了百姓對軍費的負擔。府兵制到唐初又有新的發展，一直沿用到唐代中期才解體。

楊堅還採取了一些有利於手工業和商業發展的政策，如停徵商品入市時所收稅利，改革北周時實行的酒類專賣和官營鹽業的政策，允許民間釀酒、採鹽。改變錢幣紊亂、大小輕重不一的狀況，統一鑄造「新五銖錢」，禁止使用舊幣和私鑄錢幣，又重新統一度量衡等。這些都為手工業和商業的發展提供了條件。全國出現了一批繁華的商業城市，如洛陽、長安、南海（今廣州）等，不僅是國內商業中心，而且成為當時國際性的商業城市。

楊堅個人生活節儉，車子、衣服破了隨時修補，便服多用布帛，飾帶只用銅鐵骨角，不用金玉。太子楊勇、三子楊俊都因生活奢侈，被他發現後廢黜免官。他對待臣下極嚴，尤其痛恨貪官，有時甚至祕密派人給官吏行賄，一旦官吏受賄便立即將其處死。對待百姓比較寬平、體恤。開皇十四年（西元 594 年），關中饑荒，他遣使察看，攜回饑民食品是豆粉拌糠。他拿著給群臣看，流涕責備自己無德，命令撤銷常膳，一個月內沒有吃酒肉。他在位二十四年，政績卓著，《隋書·文帝紀》說他：「躬節儉，平徭賦，倉廩實，法令行，君子咸樂其生，小人各安其業，強無凌弱，眾不暴寡，人物殷阜，朝野歡娛。二十年間天下無事，區宇之內宴如

也。」封建史家的這段話自然有溢美之處，但也反映了楊堅實行改革後所取得的成績。

楊堅的嚴重弱點是昧於知人。在他身邊雖不乏能臣良將，始終沒有形成一個人才群。他對太子楊勇過於苛嚴，開皇三十年（西元 600 年）將他廢黜，而對次子楊廣的矯飾和野心，始終未能察破，仁壽四年（西元 604 年），竟將他立為太子。這年秋天，楊堅病倒於仁壽宮。楊廣以太子身分入侍，派親信張衡入寢殿殺死其父，當夜即霸占了楊堅寵妃宣華夫人。楊廣登上帝位，是為煬帝，大業元年（西元 605 年）即徵調兩百萬民夫營建洛陽城，兩年以後又開鑿以洛陽為中心的大運河。「千里長河一旦開，亡隋波浪九天來。」楊廣製造禍亂達到登峰造極的地步，使楊堅苦心經營二十餘年的帝業，在農民起義的怒潮中崩潰。楊堅創建的隋制，卻又為盛唐立下了一塊奠基石。

由奴隸社會走向封建社會——
西元 645 年日本的大化革新

　　西元 645 年，日本發生了一次宮廷政變。從此，日本的政治體制發生了巨大的變化，開始由奴隸社會向封建社會過渡。這就是有名的大化革新。

　　這年六月的一個清晨，日本皇宮的太極殿內鼓樂齊鳴，文武百官穿著朝服緩緩走進殿堂，按官階分立兩旁。皇極天皇在宮女簇擁下登上了寶座。原來，今天是天皇接見新羅、百濟、高句麗三國（當時位於朝鮮半島上的三個國家）使臣的日子，所以禮儀非常隆重。

　　大貴族奴隸主蘇我入鹿也參加了接見。他腰佩長劍，立在天皇的左側；他的父親蘇我蝦夷是個駝背老頭，此時正坐在天皇右側。這父子兩人權勢極大，天皇在朝上有什麼決定，總要先問問他們，否則一概無效。原來皇極天皇本來就是蝦夷立的，他只不過是個傀儡而已，真正的天皇是蝦夷；而他的兒子入鹿，則是實際上的攝政王。平時，蝦夷不上朝，因為他早就把自己的邸宅看作「皇宮」，把他的兒子稱為「皇子」。今天，因為要接見外國使臣，礙於禮儀，不得不陪同天皇。

　　老奸巨猾的蝦夷見天皇的兒子中大兄皇子不來，心裡有些狐疑。他知道中大兄皇子早就對他父子操縱皇室心懷不滿，這兩天，又聽說他在一個寺院中集合軍隊。今天滿朝文武大臣都集中在這裡，唯獨他不來，此中必有蹊蹺。於是，他乾咳了兩下，說了聲「我身體不適」，便讓人抬走了。臨走前，他向入鹿丟了個眼色，意思要兒子注意，但入鹿沒有注意到這個動作，站在那裡不動。

　　「使臣到！」

　　隨著一陣喊聲，鼓樂聲大作，殿上官員紛紛肅立，天皇也端坐在寶座上。

　　三國使者緩步走進宮殿，他們的隨從雙手捧著禮物魚貫而入。這時，中大兄皇子忽然跟在使臣後面進來了。他一進殿，便下令把所有的門關上。站在天皇左側的入鹿見中大兄如此舉動，正要責問，但中大兄早已一個箭步，飛奔到他面前舉劍直刺過去。入鹿見來勢兇猛，慌忙還擊。中大兄竭盡全力一劈，入鹿的劍被擊落在地，接著順勢一劍，刺進入鹿前胸，入鹿當即倒地死去。在場的外國使臣早已嚇得退縮在一旁，滿朝文武大臣也嚇得魂飛魄散，不知所措，宮殿裡頓時亂作一團。中大兄殺了入鹿以後，把劍一揮，埋伏在殿旁的衛士立即一擁而上，將蝦夷、入鹿手下的文武大臣逮住，一個個押了下去。

由奴隸社會走向封建社會—西元 645 年日本的大化革新

接著，中大兄走到天皇面前，要他繼續接見使臣。天皇哆哆嗦嗦地答應著，三國使臣也趕緊遞上國書，送上禮物，匆匆退出宮去。

緊接著，宮門大開，中大兄指揮軍隊衝進宮中，同時迅速地占領了全城主要據點。蘇我蝦夷的家早已被軍隊包圍，蝦夷走投無路，便在自己的「皇宮」裡自殺身死。

第三天，中大兄皇子擁立他的舅舅為孝德天皇，仿效中國當時的唐朝建年號「大化」，並且遷都難波（今大阪）。

第二年，新政權頒布了革新詔書，按照中國隋唐封建制國家的形式，進行了一系列改革：

土地收歸國有，成為公地。廢除過去貴族私家占有土地和部民（奴隸）的制度。天皇成為全部土地的擁有者，部民歸屬國家，稱為公民。過去的貴族，成為政府官吏，從國家那裡得到俸祿。廢除奴隸主貴族的世襲特權。

建立新的授田制度。政府對年滿六歲的良民，每隔六年授田一次；土地不得買賣，死後歸還國家；受田人須負擔國家的租稅和勞役。

確立中央集權的國家制度以及中央和地方的行政制度，實行徵兵制，軍權歸屬中央。

這就是日本歷史上著名的「大化革新」。

這場革新雖然是透過宮廷政變自上而下實行的，但不是

偶然事件。日本是由幾個大島和很多小島組成的國家。在古代，由於交通的限制，各島即使發生了一些內部矛盾，也必須由自己內部解決。在西元五世紀，日本本州最大的勢力最後統一了日本，建立了大和國家，最高統治者是天皇。

大和國家統一後，因日本領土本來就很狹小，在日本已無處可擴張了，因此一些實力較強的貴族開始了內部爭鬥，以便控制中央政權。起先，權勢較強的物新氏掌握了中央權力，後來另一大貴族蘇我氏強大了起來，打敗了物新氏獨自控制了中央政權，並樹立了一個能聽自己使喚的天皇。長久以來，蘇我氏專政，社會混亂不堪，人民早已不滿，朝中一些有識之士，都想模仿中國強大的唐朝，建立統一的封建國家。

但是，這樣做首先必須打倒蘇我氏家族，因此才發生了以中大皇子聯合中臣鐮足的政變。大化革新對日本歷史的影響是很大的。它抑制了舊貴族的特權，解除了舊貴族對「部民」的奴役，使農民在經濟上得到了一定獨立，促進了日本社會經濟的發展。「大化革新」是日本進入封建社會的開端。

改革土地制度使國家長治久安 ——
西元 732 年查理・馬特的采邑改革

　　西元八世紀前期，法蘭克王國宮相查理・馬特（688-741 年）實行了土地制度變革。那時，法蘭克封建化過程加快，大地產迅速發展，自由農民大量破產。破產農民往往把土地獻給地主豪紳或教會，或者投靠有權勢人家成為他的「人」，喪失人身自由。經過幾代後，他們大都淪為既無土地又無人身自由的農奴。這樣，自由農自備武裝服兵役的舊制度難以維持，也使中央政府的軍事、政治和經濟力量迅速衰落，以大地主為代表的地方割據勢力增長。赫裡斯塔爾・丕平一死，爭奪國家最高權力的鬥爭立即展開。丕平的妻子監禁查理（即後來的查理・馬特，丕平的另一妻子所生），執掌政權。紐斯特利亞和勃艮第貴族乘機造反。查理在奧斯特拉西亞貴族支持下粉碎叛亂，直逼巴黎。不久，亞奎丹、弗里斯蘭和薩克森又發生叛亂，也被查理平定。732 年，查理在普瓦提埃大敗阿拉伯人的進攻，從此被稱為「馬特」（意為錘子）。查理・馬特是法蘭克封建主階級中有遠見的政治家，他決定改革土地制度，將墨洛溫王朝無條件封賜土地的辦法改為有條件的，目的是將豪紳顯貴同王室緊密連繫起

來，使國家長治久安，是為采邑改革。

查理·馬特將沒收叛亂貴族的土地和部分教會土地封給官員和將領，條件是必須服兵役和履行封臣的義務，如繳納租稅、交出盜匪，並且只限終身，不得世襲。如果封臣不履行義務，或雙方有一方死亡，即收回采邑，分封關係終止。如願繼續以前的關係，必須重新分封。采邑改革影響重大。國王把土地作為采邑封給大封建主，大封建主又封給自己的下屬，層層分封並結成主從關係，形成階梯式的封建等級制。封主有責任保護封臣，封臣必須忠於封主和履行封建義務，如果封臣將采邑轉讓、再分封和出售，那麼得到該采邑的人必須負擔凝結在土地上的種種義務，封建主階級的內部連繫加強了。因此，層層封授土地並結成主從關係，是包括法蘭克王國在內的西歐封建土地所有制的主要內容和基本特徵，而與中國的封建土地所有制很不相同。封臣得到采邑的同時，也得到對領地上自由人的管轄權，加強對勞動人民的控制。這種統治權與所有權結合，是西歐封建土地所有制的另一個特點。所謂領主制，原意就是指土地所有者同時擁有對自由人的管轄權。馬克思在談到西歐的上述特點時說：「在這裡，我們看到的不是一個獨立的人了，人都是互相依賴的：農奴和領主，陪臣和諸侯，俗人和牧師。物質生產的社會關係以及建立在這種生產的基礎上的生活領域，都是以

改革土地制度使國家長治久安—西元 732 年查理·馬特的采邑改革

人身依附為特徵的。」最後，采邑改革後，騎兵逐漸代替步兵，騎士階層興起，中、小地主的力量加強了，為後來加洛林王朝的強盛奠定了基礎。

到了西元九世紀，采邑分封繼續實行，但條件已有變化，僅保留服兵役和其他義務，受封者往往世世代代享有采邑，采邑變成世襲領地（即封主），大封建主的獨立性重新增長。他們在領地內享有種種「特恩權」，儼然獨立王國。恩格斯寫道：采邑改革「是為了統一帝國，將豪紳顯貴跟王室永久連繫起來，從而加強王室，而結果卻導致王室的徹底削弱，豪紳顯貴的獨立和帝國的瓦解」。

緩和階級矛盾，維護王朝統治——
1043 年范仲淹參與「慶曆新政」

　　范仲淹，字希文，祖籍鄒州（今陝西彬縣），生於宋太宗端拱二年（西元 989 年）。他出生後的第二年，任徐州軍事長官祕書的父親範墉因病去世，母親隨後改嫁到山東淄州長山縣一戶姓朱的人家。范仲淹改名朱說，在長山縣長大成人。

　　范仲淹是出身貧寒的一介儒生，考取進士後並未留在京城做官，而是被派往廣德軍（今安徽廣德縣一帶）做司理參軍，負責處理獄案；繼而調任集慶軍（今安徽亳縣一帶）為節度推官，儘管兩任職位很低，他竭盡職守。天禧五年（西元 1021 年）調往泰州海陵西溪鎮（今江蘇東台縣附近）做鹽倉監官，負責監督淮鹽的貯運轉銷。接著，任興化縣令，負責修治已經坍方的海堤，經數年努力，幾經周折，終於治好數百里捍海堤堰，保護了沿海鹽場和農田的生產。人們為了紀念他的功績，把這捍海堤堰稱為「范公堤」。

　　從青年時代起，范仲淹就憂國憂民，步入仕途後，一心革除弊政。仁宗天聖三年（西元 1025 年），他將多年思索之所得，寫成洋洋萬字的《上時務書》，請仁宗革除文弊，復

緩和階級矛盾，維護王朝統治—1043 年范仲淹參與「慶曆新政」

舉武科，賞直諫之臣，除濫賜之害。當時，他只是個大理寺丞，官小職卑，上書如石沉大海。但是，他並不灰心，於天聖五年（西元 1027 年）又寫成《上執政書》，建議宰相們不要安守常規，要從「固邦本、厚民力、重名器、備戎狄、杜奸雄、明國聽」六個方面進行改革。儘管范仲淹忠心進諫，「每感激論天下事，奮不顧身」，這次上書仍未被採納，卻帶來了一個意外的結果。當時的宰相兼樞密使晏殊看了范仲淹的上書後，深感文章典雅，見識超群，頗為欣賞，便薦舉他為祕閣校理，負責皇家圖書典籍的校勘和整理。他入朝不久，即發現仁宗的母親劉太后權勢過重，不僅朝中軍政大事全由這位六十多歲的太后處置，冬至受朝，仁宗還得率領百官給她拜壽。在封建士大夫眼裡，朝儀與家禮有別，皇帝給太后公開拜壽，有損一國之君的尊嚴，但敢怒不敢言。深受儒家思想薰陶而又忠厚耿直的范仲淹，便公然上疏加以反對，使舉薦他的晏殊驚恐不已。他回到家中給晏殊寫了申辯信，又上疏太后，乾脆勸他還政給仁宗。朝廷對此默不作聲，范仲淹卻因此被貶到河中府任通判。

三年以後，劉太后去世，范仲淹被召回京師任評議朝政的右司諫，不久又因進諫得罪了宰相呂夷簡而貶為睦州知州。後改任蘇州知州，因治水有功，調回京師，獲得天章閣待制的榮譽職銜，實任開封知府。後又因反對呂夷簡進用私人而貶為饒

州知州。宦海的升沉並未消磨掉范仲淹的浩然正氣，他在由饒州調任潤州知州給仁宗的奏章中聲稱：「進則持堅正之方，冒雷霆而不變；退則守恬虛之趣，淪草澤以忘憂。」

　　仁宗康定元年（西元 1040 年），西夏進攻北宋，將延州（今陝西延安附近）以北的數百里邊寨洗劫一空。邊陲的戰火迫使仁宗接受韓琦的建議，重新起用范仲淹，以龍圖閣直學士的職銜，領陝西路安撫使。他來到前線，從視察中發現宋軍官兵、戰陣、後勤及防禦工事諸多弊端，於是，他根據北宋當時的國情和軍情，制定了一個以防守為主的禦敵方案，並為加強宋軍的戰鬥力採取了一系列革新措施。一是整編軍隊，改變戰術。他大閱州兵，從中挑選一萬八千名精壯，選拔了一批將領，分六部開展嚴格的軍事訓練。在戰術方面，改變原來按軍階從低到高先後出陣的臨陣體制，採用根據敵情選擇戰將的應變戰術。二是全力修固邊城，建立軍事據點，構築防禦工事。三是大興營田，發展經濟，解決軍需困難。四是團結沿邊的少數民族居民，嚴立賞罰公約，爭取他們的支持，孤立敵人。由於韓琦、范仲淹的苦心經營，宋軍戰鬥力大為加強。數年的防禦對峙損耗了西夏的兵力和財力，加上對西夏進行經濟封鎖，終於迫使西夏國主元昊於慶曆三年（西元 1043 年）春向仁宗上書請求議和。范仲淹因防禦西夏有功，官升樞密副使，並得仁宗獎錢百萬。

緩和階級矛盾，維護王朝統治—1043年范仲淹參與「慶曆新政」

慶曆三年秋天，仁宗下詔從西北前線調回范仲淹，授為參知政事（副宰相），與杜衍、韓琦、富弼等人同掌軍政大權。歐陽修、余靖、王素、蔡襄等四諫官又奏免了呂夷簡、王舉正的正、副宰相職務，開始了一場以整頓吏治為中心的「慶曆新政」。

明黜陟，就是要考察官吏任期內的政績而決定升降。這是針對「磨勘」制的弊端提出來的。宋代對官吏的提拔，規定文官三年一遷，武職五年一升，稱為「磨勘」。這種官吏升遷制，不問勞逸，不論賢愚，致使官吏不求有功，但求無過，飽食終日，等待三、五年一升遷。明黜陟，重政績而輕資歷，規定對「老疾愚昧」的可另行安置，有過錯的按情節處分，對才德突出的可特加擢用，給官吏的選拔制增添了活力。抑僥倖，則是把當時越來越濫的「恩蔭」範圍縮小，對官家子弟的特權加以限制。宋代規定凡學士以上官員滿二十年，一家子弟可封官二十人，致使貴族子弟不學無術，不求上進，靠「恩蔭」實即老子的資格獲得官職，得到提拔。對貴族子弟做官特權的限制，反映了渴求從科舉道路躋身仕途的封建士人的強烈願望。精貢舉，是改革科舉考試的內容和方法，規定進士先試策論，後試詩賦，不能只憑詩賦成績取士，而要注重對實際能力的考察，還要兼察「行誼」。擇長官，指對直接臨民的地方官的選擇要十分慎重，凡是品行、

才能不足以任事者，一律予以罷斥。各級官吏有責舉薦下級人才，根據舉薦人數的多少決定是否錄用，這有利於各級官吏素養的提高。

除上述整頓吏治、選拔人才的「新政」外，還有：厚農桑，由朝廷下令督促地方，搞好農業生產；修武備，實行府兵制，增強軍隊實力；推恩信，實行信賞必罰政策，務去濫賜之害；重命令，屬行法治，反對政令隨意更改；減徭役，將不應負役的農民罷歸鄉里，使他們有較多時間從事生產。這些改革措施雖然沒有觸動封建地主階級的根本利益，但有利於政局的穩定和經濟的發展，是進步的。

慶曆新政是王安石變法的前奏，也為王安石變法開闢了道路。新政失敗後，范仲淹憂國憂民、以天下為己任的抱負始終沒有改變。他離開朝廷以後先到今陝西彬縣為知州，後調至鄧州（今河南南陽一帶）做知州。慶曆六年（西元1046年），他為貶至岳州任知州的好友滕子京寫了著名的《岳陽樓記》，他說：「予嘗求古仁人之心……不以物喜，不以己悲。居廟堂之高，則憂其民；處江湖之遠，則憂其君。是進亦憂，退亦憂。然則何時而樂耶？其必曰：先天下之憂而憂，後天下之樂而樂乎。噫！微斯人，吾誰與歸？」他將自己一生的抱負概括為「先天下之憂而憂，後天下之樂而樂」，表達了一個封建士大夫積極用世、為國忘身的高尚

情操，成為封建士人一代楷模。范仲淹晚年曾竭力為地方
辦「義莊」，興學校。西元 1052 年，病卒於赴潁州上任的途
中，歸葬於洛陽。

世界力量對比的乾坤大轉移 —— 西元十一至十二世紀西歐的第一次農業革命

　　十一世紀中葉，當外來入侵暫告一段落，西歐人終於可以集中精力來發展他們的經濟。到了 1300 年，他們就已經超越了兩個對手 —— 伊斯蘭世界和拜占廷帝國，全球範圍內只有繁榮的古老中國可與之相媲美。從此歐洲開始其對外擴張的進程，並最終主宰了世界。這種格局直到現在也沒有多少改變。究其原因是複雜的，但西歐第一次農業革命所起的作用之大是毋庸置疑的。

第一次農業革命—條件與成果

　　在十一世紀中期以前，中世紀農業革命的許多先決條件就已經具備了。其中最重要的一個就是歐洲文明重心從地中海轉移到北大西洋的英國、法國西北部、低地國家和德意志等地。只有到這時候，歐洲北部從英國南部到烏拉爾山脈的那片廣袤而肥沃的土地，也才完全有能力被開墾。

　　另一個先決條件是適宜的氣候。從西元 700 年持續到1200 年，西歐出現了一個最適於作物繁殖生長的氣候好轉時期，平均氣溫轉暖，氣候變得乾燥。而和平的環境、持續的

世界力量對比的乾坤大轉移─西元十一至十二世紀西歐的第一次農業革命

好氣候以及不斷擴大的投資都為技術的進步提供了保障。其中最重要的一項突破是重犁的使用。這種犁適用於歐洲北部更為肥厚、潮濕的土壤，既有利於灌溉，又節省了勞力。與重犁的使用密切相連的是莊稼輪作的三圃制的引入，這種新的耕作制度有利於合理分配勞動力，增加產量，可以稱得上是一個農業奇蹟。許多夏季作物因此得以種植，進而增強抵禦自然災害的能力。第三項重要革新是磨坊的使用。從 1050 年起，歐洲出現了一個建設高效率的水力磨坊的熱潮。水力磨坊技術又啟發了風力磨坊的出現。從 1170 年歐洲建造了第一批風車開始，風車在一些低地國家迅速普及開來。其他的技術突破還包括鐵馬蹄的出現以及雙馬前後拉縴的挽具的使用，這時的馬取代牛成為耕畜，效率得到提高。此外還有輪車和耙的發明。

伴隨著技術進步而來的是可耕地數量的大幅增加和已開墾土地的更為精細的耕作。始於 1050 年並在十二世紀大大加速的開墾土地運動，改變了加洛林時代無數小塊耕地被森林、沼澤和荒野所孤立分割的局面，清除森林和排干沼澤的工作加速了耕地的逐漸擴張和彼此相連。隨著這一進程的加快，到了十三世紀，農民們為了獲得更多的收入，開始更有效、更精細的開墾他們的全部土地，結果使土地的肥力大大增加。

以上這些變化導致了農業產量的巨大增加。下播的穀物種子的平均產量從加洛林時代的最多兩倍增加到 1300 年前後的三至四倍。磨坊的出現又大幅度的提高了碾磨效率，節省了人力。結果，歐洲人開始第一次依靠定期的、穩定的食物供應生活。當更多的土地可以被用來種植其他的經濟作物而不再為了維持生存而僅僅侷限於穀物，大規模的農業經營的多樣化和專業化便隨之產生，許多地區專門養羊，而另一些地區則專門栽培葡萄，有的種植棉花和染料作物，這些新的產業有些用作本地消費，但相當多的用作長途貿易。

這一時期，農村的畜牧業作為農民的重要副業仍在發展，牲畜數量增多，畜產品更多的進入市場，具有專業化、市場化傾向的畜牧業在少數地區發展起來了，主要是為毛紡織業加工羊毛。

生活方式的改變

農業革命使得歐洲人的生活質量得到空前的提高。食物數量的增加，質量的改善尤其是食物中蛋白質含量的大幅度提高，極大地增強了歐洲人的體質，提高了人們的壽命（從加洛林時代的人均三十歲到中世紀盛期的四十至五十歲）。生育率和嬰兒成活率也經歷了一個質的飛躍，結果造成了人口的大量激增，從 1050 年到 1300 年間，西歐的人口增長了大約三倍。

生活質量的改善體現在不同的階層。農業革命以前的農奴生活是慘不忍睹的，饑寒交迫，體質贏弱，孩子們的存活率尤其低。然而隨著農業技術的進步，農奴的生活普遍好轉，而且更為重要的轉變是解放農奴的現象普遍流行。因為新的土地不斷被開發使得領主們只有保證農奴的自由才能吸引到足夠的勞動力。大量的自由農奴開始出現並且為開放的市場而不是為他們的生計去生產農產品，促使剝削方式從勞役地租向貨幣地租轉變，也有力地推動了市場化進程。

領主的收入遠比農奴多得多，巨大的財富不僅提高了他們的生活質量，也改變了他們的生活方式。隨著生活的更加安定、富足，貴族們開始形成一種溫和優雅的生活概念。這一切催生了騎士制度的出現。這一階層最終有助於形成一種貴族所特有的舉止風度和處世哲學，比如忠誠勇敢，慷慨大方，虔誠恭敬，蔑視不公平的好處或骯髒的利益，以及對女性的重視和讚美，而這些觀念直到現在仍然在人們的意識中具有根深蒂固的作用。

城市革命

農業革命帶來的最為深遠的影響可能就是貿易的復興和城市革命了。農業的進步為商業、手工業提供了充足的糧食、原料和剩餘農產品，商品經濟大力發展起來，專門化和多樣化的不斷提高加快了商品市場和貿易不斷地擴大和完

城市革命

善。河運和海運等交通方式被更加充分地利用起來，而陸地運輸也變得更加發達。隨著東西方的長途貿易往來的日漸頻繁，國際貿易集市迅速的發展起來。這種集市定期開設，成為各國商人和各色貨物的雲集之地。其中最大最有名的要數法國的香檳集市。正是在集市大量出現的基礎上，西歐在中世紀盛期掀起了一場城市革命。

十二世紀以前的歐洲，散落著許許多多大小不一的農莊，即使有一些城鎮也不是真正意義上的城市。只有到了十二世紀，隨著小城鎮的規模擴大了一倍，並在下一個世紀又擴大了一倍，城市生活才逐步發展起來。城市生活首先出現在義大利，它囊括了歐洲最大的城市中的大多數，威尼斯、熱那亞、米蘭、波隆那、巴勒莫、佛羅倫斯和那不勒斯，這些城市人口眾多，交通便利，往往具有不同的特色，如巴黎和波倫亞成為一流大學的發源地，威尼斯、熱那亞、科隆和倫敦成為長途貿易的中心，而米蘭、根特和布魯塞爾則專門從事製造業。少數的商人發展了大規模的投資和生產，儘管不具備典型意義，但卻成為後來的現代工廠制度和工業資本主義的始祖。城市逐漸成為了文化的中心，並逐步形成一套成熟的具有強大吸引力的生活方式，而大城市則是在當之無愧的引領著世界風尚潮流。所以今天，當我們自由的享受著城市生活的便捷和舒適的時候，不應忘記近千年前

世界力量對比的乾坤大轉移—西元十一至十二世紀西歐的第一次農業革命

那場深刻改變了世界面貌的農業革命。因為正是這場革命，使西歐首先在經濟上躍至世界領先地位，繼而在民族國家的形成和宗教知識的發展方面取得了巨大的成就，西歐人從此增添了一種強烈的自信心和使命感，開始踏上征服擴張之路，最終使我們的世界成為了我們今天所看到的這個樣子。

北宋時期的亂世改革 ——
1069 年王安石實行變法

王安石（1021-1086 年）是北宋時期地主階級著名的改革家。他在政治、經濟、軍事等方面，曾經提出一整套的「新法」，並一度加以推行。

王安石字介甫，撫州臨川人，出身於普通官僚地主家庭。二十二歲時，透過考試中了進士，從此參加地方行政工作。1047 年擔任鄞縣知縣時，就實行過一些政治改革，開發農田水利，頗有成效。他認為廣大人民的貧窮，是由於豪強大姓兼併土地所造成。王安石在舒州通判任內，寫過「三年佐荒州，市有棄餓嬰，崎嶇山谷間，百室無一盈」（《發廩》）等詩句。又寫下了「豐年不飽食，水旱尚何有？」（《感事》）「俗吏不知方，掊克（敲剝）乃為才」（《兼併》），揭露當時社會的深刻矛盾，官僚的腐敗，反映了他有「誅抑兼併」的政治抱負。

當時，也有些有遠見的地主階級政治家，面臨這樣的社會危機，提出改革的方案。如范仲淹在 1043 年（慶曆三年）就向宋仁宗提出十項建議，主張要實行新政，在政治、經濟等方面進行改革。

北宋時期的亂世改革—1069 年王安石實行變法

　　王安石也向宋仁宗上過洋洋萬言的意見書，但沒有受到重視。

　　年輕的皇帝宋神宗趙頊上台以後，急於要改變積貧積弱的局面，以鞏固自己的統治地位。於是，破格提拔了積極主張革新的王安石。

　　1069 年（熙寧二年），四十九歲的王安石在宋神宗的支持下實行變法。中央王朝成立一個制訂新法的機關叫做「制置三司條例司」。三司是中央的財政機關，包括戶部、度支、鹽鐵。在三司之上設置這樣一個立法機關，表明王安石的新法是以理財為中心，推行地主階級的「富國強兵」政策。

　　新法的主要內容有：

- **農田水利法**：1069 年十一月，頒布了《農田厲害條約》，鼓勵各地開墾廢田，興修水利，建立堤防，擴大圩田和淤田，以利農業生產。大規模的水利建設，由官府借錢。從 1070 年以後的六年間，全國興修水利一百零七萬多處，灌溉田地達三十六萬多頃。各地還開發了大量淤田。據王安石估計，京畿一路的淤田，每年可以增產糧食幾百萬石。

- **方田均稅法**：針對當時的田產不實、賦稅不均的弊病，1072 年八月頒布了《方田均稅條約》，規定每年九月，

由縣官丈量土地，以東西南北各千步為一方，按照土質肥瘠，分等級規定稅額。結果，丈量出大批被官僚大地主所隱瞞田產，迫使豪強大姓不得不交納賦稅，糾正大地主「有產無稅」的不合理現象，為北宋王朝增加了稅收。

- **青苗法**：各地政府在夏、秋未熟之前，借錢米給主戶，主要是貸給自耕農和半自耕農，收成之後加息十分之二還糧或還錢。這種措施是為了防止豪強大姓趁農民青黃不接之際，索取數倍的高利，以致造成大批農戶流亡。正因為青苗法堵塞了官僚大地主放高利貸的渠道，才遭到他們猛烈的攻擊和反對。

- **免役法**：免役法就是由國家出錢僱人充役，按戶等收免役錢，鄉村四等以下戶不納。那些原來可以免役的官戶，也要按定額的半數繳納，稱為助役錢。這對於過去所實行的把負擔都轉嫁到農民頭上的差役法來說，在當時是一種進步的辦法。

- **均輸法**：1069 年頒行均輸法，是為了糾正稅收上的流弊。均輸法是由政府派出發運使，總管東南六路財賦，統一採購物資，防止富商大賈操縱，力求「國用可足，民財不匱」。這項措施限制了大官僚兼富商的私利，遭到了他們的反對，攻擊均輸法是「漁奪商人毫末之利」。

北宋時期的亂世改革—1069 年王安石實行變法

- **市易法**：政府在京都汴京設立市易務，以一百萬貫作為流動資金，控制商業貿易，收購或出售物資，調節物價。中小商人可以向市易務賒購貨物，也可以貸款，都是年息二分。市易法後來從開封推行到各地，打擊了富商大賈對商業的壟斷，使北宋政府從大商人手裡奪取商業上的利益。

- **保甲法**：宋神宗、王安石在「強兵」的工作中，改革了兵制，裁減五十歲以上的老弱士兵，精選部隊。經過減並之後，全國兵額下降到不及八十萬，減了三分之一，「不唯勝敵，兼可省財」。兵制改革中，北宋政府還在各地區設置將領，負責教練軍隊。保甲法就是在整頓軍隊的同時，規定鄉村民戶以十戶組成一保，五十戶為一大保，十大保為一都保，由地主分子充當保長、大保長和都保證。主客戶有兩丁以上的，都要抽一人為保丁，在農閒時進行軍事訓練。保丁平時負擔巡邏、放哨，遇有「盜賊」，報大保長追捕。如果保內發現「強盜」，知情不報，同保人都要連坐治罪。保甲法維護地主階級統治，防止農民反抗的目的，那是很明顯的。

以上是王安石新法的主要內容。它在一定程度上限制甚至打擊了大官僚貴族、大商人對人民的瘋狂掠奪，在地主階級內部進行財力的再調整，「損有餘以補不足」，力求「民

城市革命

不加賦而國足用」。正因為限制了大官僚貴族的經濟特權，
新法遭到守舊勢力的猛烈反撲和圍攻。

祖述變通，附會漢法——
1279 年忽必烈完成統一中國大業

　　元朝的建立，自成吉思汗（太祖）開其基業，中經窩闊台（太宗）、貴由（定宗）、蒙哥（憲宗），至忽必烈（世祖）統一中國，定國號為元，歷經七十餘年的征戰。在這場封建統一戰爭中，忽必烈實行「祖述變通」、「附會漢法」的治國方針，終於取得重大成功，他自己則成為元朝開國的一代英主。

　　忽必烈生於西元 1215 年，卒於西元 1294 年，他是蒙古國成吉思汗之孫，監國拖雷次子。忽必烈的母親唆魯忽帖尼受漢族文化影響頗深，曾多次從她的「湯沐邑」真定（今河北正定）徵召儒士至漠北教授其子女，因此忽必烈從小就受到漢文化的薰陶。青年時代的忽必烈，「思大有為於天下，延藩府舊臣及四方文學之士，問以治道。」（《元史·世祖本紀》）西元 1242 年，燕京大慶壽寺高僧海雲禪師被召至藩府，忽必烈問佛法中有無安天下之法，海雲禪師回答，若問天下興亡之道，應尋求天下大賢碩儒，並把儒士出身的徒弟劉秉忠（僧名子聰）留了下來。劉秉忠博覽群書，對天下興亡事瞭如指掌，對答如流，入情入理，從而得到忽必烈的

青睞。也就在這一年，忽必烈又從懷仁（今山西懷仁）召儒士趙璧到藩府，委以羅致人才、訪求治國之道的重任。幾年間，忽必烈周圍就聚集了劉秉忠、趙璧、姚樞、許衡、張文謙等一批漢族知識分子，後來他們在忽必烈手下為治理國家發揮過重大作用。

忽必烈的哥哥蒙哥於西元 1251 年繼承汗位。忽必烈被指派主管漠南漢地軍國庶政。他「附會漢法」，治理漢地，於西元 1251 年在邢州（今河北邢台）設安撫使，西元 1252 年在汴京（今河南開封）設經略使，西元 1253 年在京兆（今陝西西安）設宣撫使，繼承蒙古汗庭自耶律楚材以來的一些好的傳統，吸收歷代漢族統治者的經驗，選賢任能，廉政清汗，取得了良好效果。特別是姚樞擔任京兆宣撫使後，積極整頓吏治，實行屯田，恢復農業生產，印發鈔票，興建學校，社會經濟、文化得到很大發展，從而使關隴地區成為忽必烈的重要基地。西元 1253 年冬，他受命進軍滇、黔，攻打雲南大理城。城破之日，忽必烈又接受劉秉忠、姚樞等人的建議，裂帛為旗，書「止殺令」張之於街衢，禁止軍士擄掠，使居民生命財產得以保全。西元 1256 年，他命劉秉忠營建開平府，並奏准在中原地區簽發漢軍，擴充兵力。這時的忽必烈由於「收召才傑，悉從人望，子惠黎庶，率土歸心」（《元史‧世祖本紀》），贏得了中原漢族地主階級廣泛的支

祖述變通，附會漢法─1279年忽必烈完成統一中國大業

持和擁護。

　　忽必烈「附會漢法」的舉措，損害了部分蒙古貴族和西域商人的利益。他們便在蒙哥面前進行挑撥，西元 1257 年忽必烈被解除兵權，其下屬也因羅織的罪名遭受迫害。這時他又聽從姚樞等人的勸告，將自己的妻子、兒女送到汗廷作為人質，表明自己並無異志。年底，他又親往謁見蒙哥。兄弟相見，忽必烈以謙恭忍讓重新獲得了蒙哥的信任，並重掌了軍權。西元 1259 年，蒙哥在對宋軍的戰鬥中受傷病逝，忽必烈即從鄂州率師北上。為了爭奪汗位，從西元 1260 年開始，忽必烈與其弟阿里不哥進行了長達五年之久的戰爭。忽必烈在這場戰爭中依靠中原的財力、物力和人力的支持，最後取得勝利，阿里不哥表示歸降。這次勝利，是蒙古貴族中「附會漢法」派對守舊派的勝利，其結果是漠北與中原聯為一體，忽必烈的汗位得到鞏固和加強。

　　忽必烈即汗位詔告天下時承認，「祖宗肇造區宇，奄有四方，武功迭興，文治多缺，五十餘年於此矣。」為了加強文治，他表示「爰當臨御之始，宜新弘遠之規。祖述變通，正在今日。」（《元史·世祖本紀》）換言之，他決心在繼承祖宗之法的基礎上，「附會漢法」，進行一系列改革，建立與中原經濟基礎大體相適應的國家制度，使大蒙古最後完成向統一的封建制國家的轉變。

　　忽必烈「附會漢法」的改革內容是多方面的。

建立年號、國號、禮儀制度，南遷都城

西元 1260 年，忽必烈下詔建元「中統」，採用傳統的中國歷代王朝的年號紀年。西元 1264 年，阿里不哥歸降後，他又下令改年號為「至元」，大赦天下。至元八年（西元 1271 年），他宣布將「大蒙古」國號改為「大元」，取《易經》「大哉乾元」之義，以示國家「輿圖之廣，歷古所無」。同時由劉秉忠、許衡、徐世隆等人採納中原禮儀制度，定朝儀服色，百官行跪拜禮。遷都中原，也是忽必烈「附會漢法」的重要步驟。大蒙古國的都城原在漠北和林（今蒙古人民共和國哈爾和林），忽必烈放棄和林，在漠南和中原設兩個都城，升開平（今內蒙多倫縣一帶）為上都，改燕京（今北京市）為中都，並在中都大建宮室和城牆。至元九年（西元 1272 年）中都舊城和新城合稱為大都。大都自此成為元代政治、經濟、文化的中心。

建立中央集權的國家機構和封建職官制度

大蒙古國在成吉思汗和窩闊台時代曾經草創過一套國家制度，但比中原封建王朝的體制簡略。忽必烈令劉秉忠、許衡等人參考前代典章制度，結合當時情況，逐步確立了元朝的國家機構和職官制度。中央設中書省，執掌政事，太子真金兼領中書令，實際負責的是左右丞相、平章政事、左右

丞，樞密院主管軍務，樞密使也由太子兼領，知樞密院事、
同知樞密院事和樞密副使負責實際工作。設御史台，由御史
大夫、御史中丞掌握對百官的督察，大宗正府則管理蒙古內
部事務，在地方上設十道宣撫司（後改為宣慰司），主持日
常軍政事務，提刑按察司（後改為肅政廉訪司），負責對下
級官吏和百姓的督察監護。這些常設國家機構，官有常職，
位有常員，食有常祿，並有一定的賞罰制度，這樣就使中央
集權大為加強。隨著各級國家機構的建立，大批知識分子從
政，加強了與中原封建地主階級的連繫。同時，忽必烈又採
取措施限制諸王勛貴的特權，規定賞賜定例，禁止他們的違
例越軌行為，如不許隨意使用驛傳，不許擅取官物、擅徵賦
役、擅招民戶，使社會得以安定。

實行勸農政策

　　實行墾荒屯田，興修水利，恢復和發展農業生產，中央
建立勸導督察農事的機構，先稱勸農司，後改稱司農司、大
司農司，姚樞、張文謙等漢族重臣先後主其事。其職責是
「勸誘百姓，開墾田土，種植桑棗。」地方十道宣撫司，規定
有勸農的任務。從西元1264年起，以「戶口增，田野辟」作
為考核各級官吏的首要標準，對於怠惰者加以懲處。又採取
措施整頓戶口，招集逃亡，禁止殺戮，保護勞動力，鼓勵開

荒，發展屯田，興修水利，禁止軍隊占用農田、踐毀莊稼，禁止有誤農時的勞役等，因而中原地區遭受破壞的農業逐漸得到恢復，使以後對宋的戰爭獲得了可靠的物質保證。

第四，尊重以儒學為主體的漢族傳統文化，提倡用漢文化教育勛戚子弟。忽必烈從青年時代開始，就熱愛漢族文化傳統，招攬儒士，即位以後更大力提倡儒學。西元 1261 年設立翰林國史院，由儒士王鶚主持，王鶚奏准纂修遼史、金史。至元四年（西元 1267 年），在上都修建孔子廟。同年秋，以曾任京兆提學的許衡為國子祭酒。自此以後，許衡長期在大都主持國子監的教育工作。蒙古諸王勛貴和七品以上朝官的子弟為國子生，在這裡接受文化教育，三品以上朝官可舉薦「民之俊秀者」為陪堂生。至元十四年（西元 1277 年），又另立蒙古國子監，蒙、漢兩個國子監同時並立。隨著生產的發展，各地的學校也有了恢復和發展。為了使蒙古諸王接受漢文化的薰陶，忽必烈還別出心裁地命令諸王除有僚屬外，還設有專門的「說書官」。這些都有利於漢文化的保存和各級官員素養的提高。

忽必烈「附會漢法」，是以不損害蒙古貴族既得利益為前提的，因此他的革新有很大的侷限性。為了堅持民族壓迫，防止大權旁落，他在自覺地「附會漢法」的同時，又有意地保留一些蒙古舊制，如食邑制度、蓄奴制度、官商制

度、科差制度、軍事長官世襲制，以及達魯花赤（鎮守官）的設置等等。在民族關係上規定的蒙古人、色目人、漢人、南人的等級森嚴。到至元十六年（西元 1279 年）滅亡南宋統一中國後，潛伏著的矛盾逐漸暴露。至元十九年（西元 1282年），獨擅朝政的中書平章政事阿合馬被殺。阿合馬深得忽必烈的寵信，而反對漢法也最力，千戶王著奮起而錘殺他。忽必烈晚年趨於消極保守，太子真金繼續執行漢法也以夭折而告終。

德國多頭政治的根本大法 ——
1356 年黃金詔書的頒行

　　1356 年神聖羅馬帝國盧森堡朝皇帝查理四世頒布的著名詔書，又稱「金璽詔書」，因詔書蓋有黃金印璽。詔書經 1356 年元月的紐倫堡會議和十二月的梅斯會議透過，它代表著帝國皇權的徹底衰落，在神聖羅馬帝國史上有深遠的影響。

　　德國封建主長期奉行侵略義大利和西斯拉夫人地區的政策，不僅給當地人民帶來痛苦和不幸，也給德意志民族帶來災難，那就是皇權極度衰落，諸侯坐大。霍亨斯陶芬王朝解體以後，便出現沒有皇帝的「大空位時期」。1257 年的一次選舉，英國的康瓦爾伯爵理查和卡斯提國王阿豐索兩個外國人當選為德王。值得注意的是參加這次選舉的有七個大諸侯，即科隆、美因茲和特里爾三個大主教，薩克森公爵，巴拉丁伯爵，布蘭登堡侯爵，捷克國王。這是德國即神聖羅馬帝國史上第一次出現由七大諸侯選舉皇帝的事件。

　　在 1356 年的黃金詔書裡，從法律上肯定上述七大諸侯享有選舉皇帝的特權，他們被稱為選侯，位在一般諸侯之上。詔書稱選侯為帝國的「柱石」，其地位等同皇帝，是皇

德國多頭政治的根本大法—1356年黃金詔書的頒行

帝身體的一部分，他們「共同發出的光輝照耀這個神聖的帝國」。詔書直言不諱地說，實行選侯選皇帝制的目的是為了「實現選侯之間的團結」，「消除選侯內部將來發生分裂的危險」。詔書規定，選舉皇帝的會議由美因茲大主教負責召集，各選侯必須於接到通知後三個月內到法蘭克福來進行選舉。從規定「選侯或他們中的多數在該地做出選擇以後，這項選舉應視為全體一致透過，無人表示異議」看，會議實行少數服從多數的原則。詔書還仔細規定選侯的座次、投票次序和行進先後，任何人不得違反。行進先後是獨特的，除捷克國王外，眾選侯都走在皇帝的前面，這是德國諸侯霸道和皇權衰落的一個生動寫照。

黃金詔書承認選侯擁有大部分統治權，幾乎脫離皇帝獨立。他們在自己轄區裡擁有收稅、鑄幣、審判、礦山開採和地產買賣權，皇帝無權干涉。為保持「選侯的封邑、領地、榮譽、權利不可分割，永保完整」，詔書規定選侯實行長子繼承製。皇帝賜給城市或任何人的權利和特免權，不能損害選侯的「自由、司法權、權利、榮譽和領地」，否則一概無效。黃金詔書還規定城市之間締結的同盟或條約，未經領主許可者無效；逃往城市的附庸，限期一月送還原主，否則罰款一百金馬克。

1356年的黃金詔書代表著諸侯對皇帝和中央集權的勝

利，也是德國封建主瘋狂推行侵略擴張的必然結果。馬克思稱黃金詔書是「德國多頭政治的根本法」。1648 年以前，黃金詔書一直具有法律效力，其基本精神適用到神聖羅馬帝國滅亡時為止。詔書確認的選侯選皇帝制後患無窮，又是妨礙德國統一的一個重要因素。恩格斯指出：「皇帝要由選舉決定，這就絕對不允許一個王朝的權力成為民族的體現，相反地只要各諸侯開始感到某皇室的權力變得十分強大，就經常引起王朝的更替。」

中央集權體制的形成 ——
明代的官制改革

　　朱元璋建立明朝以後，為了強化封建專制主義，加強中央集權，對中央和地方的封建官僚機構，進行了一系列的改革。

　　在中央，明初設中書省，置丞相，統率百官，總理政務。大都督府管軍事，都察院與大理寺掌糾察、刑法。1380年（洪武十三年），朱元璋殺掉丞相胡唯庸之後，即廢除中書省，不再置丞相，而以吏、戶、禮、兵、刑、工六部分別整理全國政務曠軍事上，分都督府為五，管理衛所，負責軍隊的訓練與管理。有戰事則由兵部徵調，派將軍統領出征；事成後則上所佩將印於朝，而官軍則各散歸本衛。司法上，由都察院司糾劾，刑部掌刑獄，大理寺主審查。有大獄則由三法司共同審處。這樣，朝廷的行政、軍事與司法人權被分割而隸屬於幾個獨立的機關分掌，以互相牽制，防止專權。這些機構的官員都直接向皇帝負責，重大事件，必須報請皇帝批准才能實行。

　　事權過分地集中於皇帝個人身上，必然使他窮於應付，而需要有人協助。1402年（建文四年），朱棣奪得皇位後，

特命翰林侍讀解縉、編修黃淮、侍讀胡廣、修撰楊榮、編修楊士奇、檢討金幼孜、胡儼等七人入值文淵閣，參與機務，稱之為「內閣」。但他們官品不高，只是皇帝的顧問。內閣也不置官屬，不能管轄諸司；諸司奏事也不向他們通知。仁宗繼位，因閣臣楊士奇、楊榮是東宮的舊臣，便升楊士奇為禮部侍郎兼華蓋殿大學士，楊榮為太常卿兼謹身殿大學士。他們不久都升任尚書。從此閣臣或加太師太保、尚書、侍郎仍兼學士、大學士銜，內閣職權漸重。英宗九歲當皇帝，朝廷大政都得由閣臣事先代擬詔令旨意。從此，內閣大學士雖無宰相之名，而有宰相之實。孝宗對閣臣更加尊重，在朝會時，也將閣臣的班位排在六部尚書之前。世宗信任嚴嵩，內閣大學士的權力與宰相完全相同。皇帝口述旨意，司禮監的秉筆太監用碌筆記錄（稱「批紅」），交給內閣，由內閣首席閣臣（稱「首輔」），依照「批紅」擬成詔諭（稱「票擬」），然後，再交皇帝批准頒布。所以首輔的權力又超過其他閣臣。因此，內閣閣臣中爭奪首輔權力的鬥爭經常發生。

在地方，1376年（洪武九年），廢除行中書省，把全國分為十三布政使司（俗稱省），設立承宣布政使司（簡稱布政司）、提刑按察使司（簡稱按察司）和都指揮使司（簡稱都司），合稱「三司」，分理地方政務。布政司，設左、右

中央集權體制的形成—明代的官制改革

布政使各一人，下屬左、右參政等若干人，執掌一省的行政事務，把朝廷的政令下達所屬府（州）縣。按察司設按察使一人，副使、僉事若干人，掌一省的刑獄按察等事，凡有關官吏好壞，軍民利病，各種興革等，都可查問糾舉。但職權僅限於對布政司、府（州）縣的官吏「笞杖」以下的處罰，「徒、流」以上的處理，都必須交中央三法司審議。都指揮使司，是一省的軍事機構，設都指揮使等，管理本省的衛所。職權是訓練和管理地方衛所部隊，但沒有調遣權。平時，保衛地方政權，維護社會治安。遇有戰事，則聽從中央調動和指揮。

地方上布、按、都三司並立，分別掌管地方的行政、監察和軍事，互相制約，防止了地方專權的現象，達到了集權中央的目的。但也由此引起了三司相互掣肘、推諉，以致政權機器運轉不靈的弊端。明王朝為了改變這種狀況，又設置了巡撫、總督。

巡撫之名起於洪武時期，1391 年（洪武二十五年），朱元璋派遣太子朱標以巡撫之名視察陝西地方。1421 年（永樂十九年），朱棣派遣大臣分巡天下，了解軍民疾苦。1430年（宣德五年），朱瞻基派遣御史於謙等六人，分別以侍郎的官銜巡撫山西、河南等省。這時的巡撫，還屬臨時派遣，「事畢覆命」。沒有固定的地區和任期，連家屬也不準攜帶。

1453 年（景泰四年），因巡撫與都察院派往地方的巡按御史不相統屬，時有矛盾。於是，朝廷加巡撫以都御史職銜。世宗嘉靖年間，又以巡撫兼提督軍務，任期往往三、五、七年，或一二十年。管轄地區一省至數省不等。於是巡撫儼然成為某一地區總攬行政、監察和軍事的地方長官。原來地方三司長官的職權日小，變成了巡撫的屬員。

總督的設置始於英宗正統時，以兵部尚書王驥總督軍務，征麓川。後來在兩廣及三邊等邊境地方為了加強對防禦和鎮壓的統一指揮，又設置總督或總制。巡撫以下、總兵，都聽其節制。總督由朝廷派重臣擔任，綜理一省或數省的軍政事務，而且逐漸成為地方的專設官員，地位又在巡撫之上。

明朝廢宰相而又增設內閣大臣，廢行省丞相而又置總督、巡撫。廢而復設，並且一直為清代所沿襲，說明當時的政權設置本身存在有這樣一種需要。但是在廢、置之間，已有崇、卑的差別。宰相是百官的首領，內閣是皇帝個人的助手；行省是中樞在地方的分司，總督、巡撫只是受派遣的地方官長。因此，無論閣臣或總督、巡撫，都是明代高度專制主義中央集權體制的一個環節。

繁榮經濟文化，實行對外開放——
明成祖朱棣大力推進改革明

　　成祖朱棣，是明太祖朱元璋的第四個兒子，生於元至正二十年（西元 1360 年），十歲被封為燕王，二十歲進駐封地北平，向大將徐達學習兵法戰策，三十九歲用武力從親侄建文帝朱允手中奪得皇位，改元永樂。朱棣即位之初，為了團結朝臣，勵精圖治，曾將「靖難之役」中繳獲的建文朝的奏疏，除涉及軍馬錢糧的以外，其餘的一律銷毀，以表示對建文帝的舊臣既往不咎。建文朝的工部尚書鄭賜，原是北平參議，在朱棣手下辦事十分賣力，後投靠建文帝，數次督師，阻扼燕軍南下。建文帝失敗後，鄭賜被逮捕。朱棣責備他為何「反叛」？他回答是「盡臣責」而已。朱棣聽後覺得有道理，便將他釋放，並任命他為刑部尚書。可見朱棣的胸襟還是比較開闊的，在一定的條件下，是能夠容納和團結曾經反對過自己的大臣的。

　　當然，作為封建帝王的朱棣，其本性是專橫而殘暴的。對於拒絕合作的大巨，即使是素有學行，甚至名滿天下者，他也定殺無赦，方孝孺之死就是典型。方孝孺是建文朝的侍講學士，曾任編修《太祖實錄》總裁。朱棣占領南京以後，

想把「靖難之役」說成是應天順人之舉，便幾次要當時被俘的文章高手方孝孺為他起草即位詔書。方孝孺囿於儒家正統觀念，把朱明王朝的權力轉移視為「篡位」，因而拒絕受命。朱棣恐嚇他：「獨不畏九族乎？」方孝孺抗聲答道：「便十族，奈我何！」朱棣終於下令將方孝孺的九族誅盡。為了湊足「十族」，又將方孝孺的朋友、門生合併為一族，全數盡誅，死者達八百七十三人。在誅殺方孝孺之前，朱棣已慘殺了建文朝的兵部尚書鐵鉉，割鼻剁耳，寸磔而死，然後又將其拋入油鍋。朱棣因濫殺而受到當時和後世士人的指責，這是理所當然的。

但是，朱棣畢竟是明朝繼朱元璋之後的又一個有作為的皇帝。他在位二十二年，五次北征，沉重打擊了蒙古貴族的殘餘勢力，鞏固和維護了多民族的封建國家的統一。他繼續執行朱元璋移民墾荒的政策，永樂元年（西元 1403 年）五月，下令「除天下荒田未墾者額稅」，疏濬河道，得江湖之利，減輕賦役，賑濟災民，僅永樂三年（西元 1405 年）一次就罷免蘇、松、嘉、湖四府田租達三百三十八萬石。這些政策的實施，有利於農業生產的恢復和發展。隨之手工業和商業也繁榮起來，遵化的冶鐵、景德鎮的制瓷和南京的造船、松江的布帛都達到了很高水準。國家財政收入大增，每年稅糧除部分輸送京師外，府縣倉庫還有大量積存。永樂時代經

繁榮經濟文化，實行對外開放—明成祖朱棣大力推進改革明

濟的繁榮，是「洪武之治」的繼續和發展，正如史家所言，「高（太祖）成（祖）肇造，享國長久，六七十年間，倉廩贍足，生齒繁殖」。明朝前期的鼎盛，與朱棣繼續推進改革是分不開的。

朱棣以「智勇有大略」（《明史，成祖本紀》）而聞名於後世，而且對文化的積累也是非常重視的。他從馬上奪得天下，又希望從史籍中汲取治理天下的經驗，因此，他即位不久，便召見翰林學士解縉等大臣，命令遍求天下典籍，將各類事物分門別類按韻收輯，編成一部大書，以便檢閱。他還特別叮囑，內容要求詳備，搜求務必普遍，凡有文字以來的經、史、子、集百家之書，以至天文、地誌、陰陽、醫卜、僧道、技藝之言，都要廣為收羅，「毋厭繁浩」。解縉匆匆受命，到永樂二年（西元 1404 年）冬天即將書稿編好。朱棣審閱後並不滿意，認為取材不完備，下令重修，加派姚廣孝會同劉季箎、解縉一起監修。姚廣孝即道衍和尚，在「靖難之役」中出過許多重要的主意，論功為第一，此時已拜為資善大夫、太子少師，成為朱棣的股肱之臣。派姚廣孝監修，可見朱棣對這件事的重視。同時，他又命令禮部選拔內外官員和各地宿學老儒充任纂修，選拔生員充任繕寫。先後調集三千餘人，經過四年的努力，終於在永樂五年（西元 1407 年）把這部書編成。朱棣審閱後十分高興，親自寫序，賜

名為《永樂大典》。《永樂大典》輯入古今圖書七八千種，「用韵以統字，用字以系事」，包括目錄、凡例在內共兩萬兩千九百三十七卷，訂成一萬一千零九十五冊，約三點七億字。朱棣組織人力對中國古籍進行如此大規模的精心整理，是有功於中華民族的文化發展的。

朱棣在位期間，還一改其父朱元璋的「禁海」政策，實行對外開放的方針，吸引外國商人來華貿易，又六次派遣三寶太監鄭和下西洋，發展與亞非國家的友好交往和經濟、文化交流。

明朝洪武年間，朱元璋把主要精力用於鞏固國內統治，對外則實行閉關鎖國政策。他於洪武三年、四年、七年、十四年、二十三年屢頒「禁下海通番」之令，特別是洪武七年（西元 1374 年），盡罷元代就已設立的負責對外貿易的市舶司，改由沿海各地方官員負責。各地方官揣摩朝廷的意圖，又面對走私的猖獗和海盜的騷擾，更規定「寸板不許下海」，除少數外國的「朝貢貿易」船在指定港口停泊外，中國商人的出海貿易已不可能，這樣反而促成了沿海走私活動的發展。這種情況不改變，正當的對外貿易就發展不起來。朱棣即位當年，便在廣東、福建、浙江沿海地區恢復已被廢置的市舶提舉司，並且宣布，自今外國人願來中國貿易者，「悉聽自便」。隨後又在設有市舶司之地建立驛館，負責接待

外國商人。朱棣又派遣眾多的使臣，分赴安南（今越南）、暹羅（今泰國）、爪哇（今屬印尼）、琉球（今屬日本）、日本、蘇門答臘（今屬印尼）等地，通報他已經登基的情況，招諭各國前來訪問、朝貢、通商，並規定外國使臣來華，給予優待、賞賜，派官軍加以保護。有些沿海地區的官員固守明初的傳統政策，朱棣還多方疏導。日本使臣在寧波向當地百姓出賣兵器，當地官員要求將其治罪，而朱棣卻給予赦免。可見他實行開放是真誠的，並不想借外國使臣違禁，又回到閉關鎖國的老路上去。

在對外關係方面，規模最大、影響最深遠的活動，便是三寶太監鄭和下西洋。鄭和率領強大船隊七次下西洋，有六次是在永樂年間，即永樂三年（西元 1405 年）、永樂五年、永樂七年、永樂十一年、永樂十五年、永樂十九年（西元 1421 年），第七次則是朱棣死後的宣德五年（西元 1431 年）。每次遠航都是船艦數十艘，人員兩萬餘名。到過東南亞、南亞、西亞和非洲東海岸的三十多個國家和地區。加強了與這些國家和地區的政治、經濟、文化連繫，增進了政府之間、人民之間的交往和友誼。這不僅是世界航海史上而且也是國際交往史上的重大事件。

朱棣對「下西洋」一事非常重視。他下令在福建等地製造了載貨、運糧、作戰、居住等五種類型的船艦數百艘，

其中最大的稱「寶船」，有九桅，長四十四點四丈，寬十八丈，載重八百噸，可容納一千人。這是當時世界上最大的船隻。他又親自選定了在「靖難之役」中跟隨自己南征北戰而又頗具才幹的內官監主管太監鄭和（馬小保）為欽差正使，並以忠於職守的宦官王景弘為欽差副使，使遠航船隊有了堅強的領導核心。同時，他於永樂三年便下令在翰林院開設「八館」，吸收年輕的舉人和國子監生學習西天（印度）、回回（阿拉伯）、緬甸、蒙古、女真等八種語言，培養翻譯人才。他還應鄭和、王景弘的請求，選拔精銳，組成了人數眾多而又幹練的遠航隊伍，其中包括外交人員、技術人員、經濟貿易人員、軍事保衛人員，和翻譯、醫務、宗教人員等，從而保證了遠航的成功。

朱棣派遣鄭和「下西洋」的主觀動機，歷來眾說紛紜。有的說是為了「耀兵異域，示中國富強」（《明史·鄭和傳》），招徠各國稱臣納貢，有的說是為了尋找建文帝朱允的下落。據說「靖難之役」中朱允出走，不知所終，猜疑心很重的朱棣放心不下，自然要派鄭和這樣的心腹去尋覓。朱棣一生遣軍五次北伐，派鄭和六次下「西洋」，其功績是主要的，但浩繁的人力、物力、財力的消耗，又是朱棣好大喜功所帶來的消極影響。

拯救人類的信仰——
1517 年馬丁·路德領導的宗教改革

　　五百多年前，當文藝復興運動的聖火席捲整個歐洲的時候，一場意義更為深刻和深遠的運動也在轟轟烈烈地進行著——這就是宗教改革運動。這是一場心靈深處的革命，在這場革命中被天主教會禁錮並扭曲已久的心靈重新釋放並回歸真理。自此以後，上帝從壁壘森嚴的神龕又回到人們滄桑而乾渴的心靈，並成為歐洲信心與進步的內在驅動力，從而將歐洲文明帶上了一條近代化之路。馬克斯·韋伯在《新教倫理與資本主義精神》中曾指出，近代資本主義的最初發展便得益於宗教改革中所形成的新教倫理。可以說，若沒有宗教改革，就沒有歐洲「明朗」的天空，千年的宗教壁壘也不會被徹底打破。而這一切，無疑要歸功於馬丁·路德於 1517 年所領導的宗教改革運動。

　　十六世紀期間，由於饑餓、戰爭和流行病，歐洲人陷入深深的宗教狂熱，對死亡和罪孽的恐懼加深了宗教狂熱，其中往往夾雜著迷信，民眾的信仰比從前更轉向耶穌基督、聖母瑪利亞和諸聖徒，十分崇敬聖物。有錢的人求助於「贖罪券」，即教會給予施捨者用以贖罪的世俗懲罰。教會宣稱，

只要購買了「贖罪券」死後就可以升入天堂。實際上，這只是教會斂財的一種手段而已。為了填充自己的財庫，應付奢侈生活的巨額開支，教皇於 1500 年、1501 年、1504 年和 1509 年都在德意志徵收贖罪稅。1517 年，贖罪稅又重新在這裡開徵，並且花樣翻新。這種無法無天的「贖罪券」買賣搞得德意志各階層天怒人怨，促使路德於 1517 年十月三十一日在維滕貝格教堂大門貼出批評教會出售贖罪券的《九十五條論綱》，否定教會擁有神聖功德的理論：「教皇沒有赦免任何罪惡的權力，只能宣布或肯定上帝的赦免，因為免罪權屬於上帝。教皇所能赦免的只是憑他的權限或教會法典所能定罪的部分；教皇所定的罰罪隨著死亡而告終，不能擴及煉獄中的亡靈。」路德在這裡運用了「因信稱義」論，即人的救贖全在於信仰，剝奪了以教皇為首的神職人員的神權，搬掉了人與上帝之間的教會阻隔，人在上帝面前都是平等的一員。對於「贖罪券」的抨擊，猶如一粒火種落在火藥桶裡，立刻燃起燎原之火，激起了德意志民族反對羅馬教廷的風潮，接著在西歐引起強烈的反響，揭開了歐洲宗教改革的序幕。

1520 年，被稱作宗教改革三大論著的《致德意志貴族公開書》、《教會被囚於巴比倫》和《基督徒的自由》發表了。在這些著作中，他系統性闡述了自己的宗教改革主張，把攻擊的矛頭指向了整個封建神權政治。尤其是在《致德意志貴

拯救人類的信仰—1517 年馬丁·路德領導的宗教改革

族公開書》信中，他痛斥羅馬教廷對德意志的專橫、掠奪，主張君權神授，呼籲世俗君主建立不受羅馬教廷控制的民族教會，企圖以民族的世俗權威取代凌駕於國家之上的神權。他認為基督教貴族「應該發號施令，從此不準任何俸祿再落入羅馬手中，並且以後一切委任都不得從羅馬領受，所有的教士職位都應該脫離那暴虐的教皇，並且要恢復地方主教的職權」。另外，他號召把教會的土地收歸國有，不向羅馬輸送錢財。這些內容的實質是使德意志民族從政治上、經濟上、思想上徹底擺脫羅馬教廷的控制，加強王權，實現國家統一，表達了新興資產階級的政治要求。

這一切使得羅馬教廷對路德恨之入骨，1520 年十月，教皇下詔書，勒令路德在六十天之內悔過自新，否則將開除他的教籍，路德面對威逼利誘毫不動搖，在擁護者的讚美聲中把教皇的詔書付之一炬。在 1521 年的帝國會議上他據理力爭，毫不讓步。他聲稱「我堅持己見，絕不反悔！」這擲地有聲的話語，充分表達了當時德意志人民要求擺脫羅馬教廷控制的強烈願望和堅定信心，也極大地鼓舞了德意志和西歐各國的人民，他們更加崇敬路德，也更加嚮往宗教改革。

無計可施的查理五世和教皇等一幫人，只好蠻橫地對路德進行人身迫害，宣布路德為不受法律保護的人。路德無法立足，只好隱居到瓦特堡，從事《聖經》翻譯。路德的翻譯

工作對於創立統一的德意志語言文字是一個偉大的貢獻。在德意志分裂狀態中，路德的「統一德語」成為連繫所有德意志城鄉和邦國的紐帶，並成為後來德意志民族融合的最重要因素之一。

隨著運動的進一步發展，宗教改革運動開始分裂，出現了兩個營壘：第一個可稱為溫和的市民和貴族的改革派營壘，聚合了反對派中的有產階層，包括低級貴族、市民階級以及部分高級貴族或諸侯。這些人主要是希望取消教會權力和對羅馬的依附地位，分得天主教會的產業。第二個可稱為農民和平民營壘，集結了宗教改革中最激進的力量，要求改變現存的剝削制度，一部分人甚至要求消滅現存的剝削制度。在這兩個營壘之間，路德毫不猶豫地倒向了前者。他先後寫了《勸基督徒勿從事叛亂書》和《反對殺人越貨的農民暴徒書》，表達了他「不願見到靠暴力和流血來提倡新教福音」的態度，由最初「剿滅羅馬」的號召，改變成和平發展和消極抵抗，最終使革命的農民和平民同他分手。

1546 年二月，路德死於出生地艾斯萊本，享年六十三歲。馬丁·路德領導的宗教改革使德國出現了天主教和新教兩個對立教派，它們代表著封建諸侯的不同利益，這種利益衝突最終導致了 1618 年 -1648 年的三十年戰爭。這場戰爭代表著德意志宗教改革時代的結束。1517 年由路德發起的德意

拯救人類的信仰─1517 年馬丁·路德領導的宗教改革

志民族國家統一運動的目標沒有實現。德意志依舊是一個四分五裂、殘破不堪的國家，依舊生活在古舊的封建生產關係中，它的發展大大落後於西歐其他國家。

宗教改革的旗幟 ——
1533 年喀爾文的天主教改革

　　約翰‧喀爾文（1509-1564 年）在日內瓦進行的宗教改革，鮮明地反映了當時資產階級的利益。與路德、慈運理的宗教改革不同，喀爾文的宗教改革在日內瓦取得了勝利，並建立了歐洲第一個新教掌權的資產階級共和國，對歐洲的宗教改革和革命運動發生極大影響。恩格斯說：「當路德的宗教改革在德國已經蛻化並把德國引向滅亡的時候，喀爾文的宗教改革卻成了日內瓦、荷蘭和蘇格蘭共和黨人的旗幟，使荷蘭擺脫了西班牙和德意志帝國的統治，並為英國發生的資產階級革命的第二幕提供了意識形態的外衣。在這裡，喀爾文教是當時資產階級利益的真正的宗教外衣。」

　　喀爾文出生於法國北部皮卡第的努瓦榮一個資產階級家庭，曾在巴黎大學和奧爾良大學學習文學和法律，深受路德宗教改革和人文主義思潮的影響。人文主義法學家勒圖瓦裡和安‧阿爾恰提是他的啟蒙老師。他後來專攻神學，從師於路德支持者沃爾馬爾，傾向宗教改革。1533 年十一月，喀爾文的密友在巴黎大學發表演講，引用伊拉斯莫和路德的話為唯信稱義辯護。巴黎當局懷疑喀爾文參與其事，下令追捕和

宗教改革的旗幟——1533 年喀爾文的天主教改革

抄家。他被迫逃離巴黎。1534 年秋，喀爾文為其表兄所譯的法文本《聖經》寫序，公開支持受迫害的新教徒。不久，他化名盧卡紐斯，逃往巴塞爾，繼續研究聖經和路德派著作。1536 年三月，在巴塞爾出版代表作《基督教要義》，分法律、信仰、主禱文、聖禮、偽造的聖禮和基督教徒自由六章，後擴大篇幅（達八十章），一再重版，是一部有影響的新教百科全書。1536 年四月，喀爾文去義大利訪問。由於義大利戰爭重新爆發，他打算繞道日內瓦回巴塞爾，遇到老友法萊爾相勸後留下，基本上在日內瓦度過他的後半生，使那裡成為宗教改革運動的又一個著名中心。

日內瓦原是神聖羅馬帝國的一部分，又是馳名歐洲的集市，法國、義大利和其他國家的資本家紛紛來這裡開辦工場，經營珠寶、皮貨、製鞋和紡織生產。薩伏依公爵勾結日內瓦主教進行擴張，引起日內瓦人嘩變，向瑞士各州求援。1519 年，日內瓦與弗賴堡州結盟。支持與弗賴堡結盟者自稱「同盟者」（法語作「雨格諾」，後來法國人用來稱法國的喀爾文教徒），稱日內瓦主教和薩伏依公爵的支持者為奴才。1526 年，弗賴州與經濟發達的伯爾尼結盟，並出動聯軍攻入薩伏依（1530 年），迫使它不再進攻日內瓦。此後，宗教改革在日內瓦開展起來，新舊教派的矛盾發展到武裝衝突地步。1534 年八月，日內瓦議會下令禁止彌撒和偶像崇拜。

1536 年一月，即喀爾文到日內瓦前不久，伯爾尼在法國政府支持下，徹底擊敗薩伏依。八月，日內瓦獲得自由並與伯爾尼結成同盟，成為獨立的共和國。所以，喀爾文是在這千載難逢的良機來到日內瓦的，使他的主張在這裡獲得實踐的機會。

喀爾文與路德、慈運理一樣，也主張唯信稱義。喀爾文認為，唯信稱義就是先定論（又稱前定論、預定論），世上的一切都是上帝事先決定了的。他甚至說，沒有上帝之命不會颳風下雨，連一根樹枝、一根頭髮也不會掉下來，連兒女多少、母乳豐富與否都是上帝的意志決定的。喀爾文說，成功與失敗，永生和犯罪，貧富榮辱，都是上帝先定的，人的意志無法改變。他認為，先定論是「神的智慧的極隱祕處」，只能膜拜，不能了解，要想在上帝語言之外了解它是愚蠢的，好像是走進死胡同，或者是在黑暗裡看東西。恩格斯指出：先定論「是下面這一事實在宗教上的反映：在商業競爭的世界中，成功或失敗不取決於個人的活動或才智，而取決於不受他支配的情況。起決定作用的不是一個人的意志或行動，而是未知的至高的經濟力量的擺布；在經濟革命時期，當一切舊的商業路線和商業中心被新的所代替的時候，當印度和美洲已經向世界開放的時候，當最神聖的經濟信條 —— 金銀的價值已經開始動搖和崩潰的時候，這種情形就

特別真實了」。在十六世紀，商業和價格的變化空前劇烈。發財或破產，成功或失敗，主要不是個人的行動或才能決定的，而是取決於經濟力量本身規律的擺布。當人們不認識這種經濟規律的時候，只好把它說成是神，好像謀事在人、成事在神。

喀爾文還主張簡化教會組織和禮拜儀式，建立一個民主的教會。他把天主教的七禮減去五個（只留洗禮和聖餐禮），並不準望彌撒、朝聖、齋戒和崇拜偶像。他認為，在真正的教會裡，只有牧師、宣教師、長老和執事四種人是不可缺少的，其他人員一律精簡。牧師負責執行聖誡，施行聖禮，發出規勸。宣教師講解聖經。執事保管信徒的捐款和教會收入，用來發放神職人員薪俸、維修教堂和救濟窮人。長老負責監視人們的行為，人稱宗教改革的警察，又稱喀爾文教會為長老會。上述四種人又稱「監督」，由信徒投票選舉產生。喀爾文說，古代教會就是這種既民主又簡單的組織，教皇製出現後遭到破壞，現在的當務之急就是恢復古代的教會制度。他雖然高舉恢復古代教會的旗幟，但並非真的要原封不動地恢復古代的教會。他精心描繪的古代教會美景，實際是為否定腐朽的羅馬教會而設計的、資產階級中意的廉價教會，事實上又包含著資產階級的政治理想和要求。既然上帝的王國已經民主化和共和化，人間的王國自然也應如此而

不能再從屬於君王、主教和領主。不過，喀爾文沒有走這麼遠，他的英國信徒不久以後終於講出王權的源泉存在於人民之中，未經人民同意的王權是非法的。

1537 年一月，喀爾文向日內瓦議會提出成立一個新的市政府方案。第二年初，反對派一度復辟，他被迫逃往斯特拉斯堡，在該地法國移民中當了三年牧師。1540 年八月，改革派重新上台後，他才回到日內瓦。1541 年十一月，日內瓦市議會將喀爾文的方案定為法律。根據喀爾文的方案，日內瓦成立由長老、市議員和市政官員等組成的權力很大的宗教法庭，監視每個人的生活和行動。喀爾文雖非宗教法庭正式成員，但經常出席法庭例會，是法庭的實際負責人。宗教法庭鎮壓天主教的反抗，也壓制群眾的抗爭，稍有不從，不是勸告、罰款、監禁，就是驅逐或燒死。例如，星期天，除留人照料孩子或家畜外，全家人都得去聽講道，遲到要警告，不改正就罰款。如果有誰念玫瑰經、崇拜偶像、朝聖、望彌撒、舉行天主教齋戒、遵行宗教節日、攻擊上帝語言或者瀆神，根據不同情節進行勸告、監禁、以口親地、罰款或送交法庭。為了提倡資產階級的節儉，喀爾文規定不準唱下流放蕩歌曲、跳維羅拉舞和其他舞蹈，不許賭博、吵架、喝醉酒，違者監禁並送交有關部門處理。許多學者、醫生和再洗禮派信徒因批評喀爾文的教義橫遭迫害。如醫生波爾賽克因

批評先定論被驅逐出境。西班牙著名人文主義者塞爾維特，因批評聖經和三位一體長期遭受天主教會迫害，喀爾文下令把他燒死，他的《天主教和新教》被列為禁書。恩格斯憤怒地說：「值得注意的是，新教徒在迫害自然科學的自由研究上超過了天主教徒。塞爾維特正要發現血液循環過程的時候，喀爾文便燒死了他，而且還活活地把他烤了兩個鐘頭。」人稱喀爾文是新教的教皇，日內瓦是新教的羅馬，不是沒有道理的。

今天，喀爾文教仍是新教的一大支派，在英、美和瑞士等國影響很大，有信徒約四千萬人。

資產階級革命第一號角——
十六世紀發生的八十年戰爭

　　十六世紀，由於殖民掠奪和對外貿易的發展，西班牙勢力強盛一時。1516 年，西班牙國王斐迪南逝世，哈布斯堡家族的查理以外孫的身分繼承王位，稱查理一世。1519 年，查理的祖父、神聖羅馬帝國皇帝馬克西米連去世，查理又賄選了皇帝，稱查理五世。這樣一來，查理成為西班牙、荷蘭、德國的統治者。到十六世紀中葉，查理建立了跨歐、美、非的「日不落」帝國。

　　但是，在貌似強大的背後，卻隱藏著深刻的矛盾，尤其是在荷蘭。

　　1550 年，查理頒布懲治異端的「血腥教會」的政令，同時也對貴族及資產階級採取懷柔政策，加以籠絡。但其子腓力二世卻連這一點僅有的施捨亦不給，反而加重對荷蘭的政治上壓迫、經濟上壓榨。他把親信格蘭維爾派往荷蘭，並提升為紅衣主教，嚴格執行「血腥教會」。這一措施嚴重破壞了正常的秩序，使得荷蘭經濟嚴重倒退，從而激起了普遍的敵對情緒。

　　1565 年，荷蘭人與西班牙的對抗公開化。十一月成立了

資產階級革命第一號角—十六世紀發生的八十年戰爭

以奧蘭治·威廉親王之弟路易為首的「貴族同盟」，抨擊西班牙的統治。1566 年四月五日，奧蘭治·威廉等百名貴族組成同盟成員在布魯塞爾舉行示威遊行，向荷蘭總督瑪格麗特遞交請願書，要求停止迫害新教徒、召開三級會議、撤退西班牙駐軍，免除格蘭維爾的職務，但遭到拒絕。

西班牙當局的頑固立場終於激起了大規模的武力反抗。1566 年八月，弗蘭德爾一些工業城市爆發了聲勢浩大的破壞聖像活動，他們攻擊天主教會，搗毀教堂和寺院，沒收教會財產，打開監獄釋放因犯，強迫當局停止迫害新教徒。起義迅速在荷蘭蔓延，成風起雲湧之勢。

西班牙當局為了對付起義者，便虛與委蛇，一方面假裝答應起義者的條件，另一方面卻暗中積極備戰。在 1567 年秋，阿爾發公爵率軍進入荷蘭，對起義人民進行血腥鎮壓，並且繼續實行壓榨政策，荷蘭工商業紛紛倒閉，幾十萬人流亡國外，革命轉入低潮。

但是荷蘭人並未甘心就範，血腥的鎮壓反而激起他們更大的反抗。中下層人民組織了森林游擊隊和海上游擊隊，而貴族則依靠外國僱傭軍作戰。在 1572 年四月一日，一支海上游擊隊占領了布星爾城，北方各地紛紛響應，並組建了以奧蘭治·威廉為首的革命政權。在此以後，他們又挫敗了西班牙的反攻。北方的勝利鼓勵了南方各省的人民，南方也發起

了波瀾壯闊的革命。

　　1576 年，在根特召開了南北方代表參加的三級會議，透過了「根特和解協定」。廢除了處治異教徒的一切法令，但獨立等問題卻未獲解決。三級會議裡的貴族和西班牙簽訂了「永久敕令」，以求妥協，條件是西班牙必須承認「根特和解協定」。但荷蘭新總督唐·約翰卻在墨跡未乾時便撕毀「永久敕令」，力圖訴諸武力。北方各省又掀起了更為徹底的革命，而南方貴族卻在阿拉斯召開會議，組成「阿拉斯聯盟」，出賣革命，向西班牙當局妥協，使南方革命形勢發生急遽變化，西班牙迅速恢復了在南方的統治秩序。

　　為了維護革命成果，北方各省遂成立了「烏特勒支同盟」，宣布「更加緊密地結成聯盟」，永不分裂，同盟以各省代表組成的三級會議為最高權力機關。1581 年七月二十六日，三級會議宣布廢黜腓力二世，成立聯省共和國，即荷蘭共和國，威廉當選為首任執政。西班牙及南方反動勢力用軟硬兼施的辦法，重新控制了南方各大城市，南方與北方遂成對峙的形勢。

　　西班牙不甘心失敗，又屢次進攻北方，但是屢次遭受失敗。同時，聯省共和國在國際上得到了英法等國的支持。隨著西班牙與英法戰爭的節節敗退，形勢越來越對聯省共和國有利。1588 年，西班牙的無敵艦隊在對英作戰中全軍覆沒。

資產階級革命第一號角─十六世紀發生的八十年戰爭

1589 年至 1598 年，西班牙干涉法國的戰爭又遭失敗。西班牙此時已無力撲滅八十年戰爭的火焰。於是在 1609 年四月，西荷締結十二年休戰協定，這在事實上承認了聯省共和國的地位。1648 年，三十年戰爭後的威斯特伐利白和約才正式承認荷蘭的獨立。八十年戰爭自此在北方取得完全的勝利。

八十年戰爭是歷史上第一次成功的資產階級革命，為資本主義的發展開闢了道路，它吹響了資產階級革命的第一聲號角，其作用是不可忽視的。

雖然荷蘭北方獲得獨立，但南方仍然處於西班牙的統治之下，故而在歐洲沒有產生更深遠的影響。

在八十年戰爭勝利之後，荷蘭的經濟得到了迅速發展，成為「海上馬車伕」，躋身於殖民大國的行列，台灣亦曾被其統治過。

促使俄國現代化的改革——
1862年俄國彼得大帝的即位

1682年，一個剛滿十歲的小孩與其兄伊凡五世並立為沙皇。他就是俄國羅曼諾夫王朝的第四代沙皇彼得‧阿列克謝耶維奇‧羅曼諾夫，也就是以後的彼得大帝。

1695年一月，彼得親率三萬大軍進攻土耳其，企圖占領亞速海。由於沒有海軍，彼得不能從海上包圍亞速城堡，而土耳其軍隊卻可透過艦隊提供援助，最後，這次遠征失敗了。但是彼得並不灰心，他用一年多的時間建立了一支艦隊。1696年春天，三十艘俄國戰艦出現在亞速海上，俄軍水陸並進，圍攻亞速城堡，土耳其戰敗求和，亞速海落到了俄國人手中。但是，占領亞速海後，俄國並沒有打通南方的出海口。因為土耳其不僅占領著亞速海的門戶——刻赤，而且擁有一支強大的海軍，統治著黑海。彼得覺得應該向西歐學習，他決定派一個使團到西歐各國考察。

1697年，俄國考察使團出發。彼得化名為彼得‧米哈依洛夫，以下士身分隨同前往。在考察中，彼得非常重視學習西方的先進科學技術，自稱是「一個尋師問道的學生」。他身高近兩公尺，強壯有力，親自在造船廠當木匠，學習造船

促使俄國現代化的改革—1862 年俄國彼得大帝的即位

技術。在阿姆斯特丹，他在一家最大的造船廠當學徒，一直幹了四個多月。空閒的時候，彼得總是去參觀手工工場、博物館，訪問著名的學者、科學家，聘請他們去俄國工作。在倫敦，他考察了英國的國家制度，還出席了國會的會議，甚至參加了王宮的化裝舞會。

正當彼得在國外考察時，國內發動兵變，要求立索菲婭為沙皇。彼得聞訊後，急忙趕回國內，殘酷地鎮壓了叛亂，處死了一千多人。他強迫索菲婭當修女，還把一百九十五名叛軍的屍體吊在她的窗前。

隨後，彼得開始在俄國進行全面改革。他大力鼓勵本國商人和外國商人投資發展工業，先後開辦了冶金、紡織、造船等兩百多家工場。他又徵召大批農奴開鑿運河，建設通商口岸，發展商業。彼得也非常重視文化教育，先後開辦了工程技術學校、航海學校、造船學校、海軍學校等專門學校，派遣留學生到西歐學習。他還創建了博物館、圖書館和劇院，創辦了俄國第一份報紙《新聞報》，並親任主編。

彼得大帝又改革了禮儀制度，甚至採取強制性手段，迫使俄國貴族接受西方習俗。彼得 1698 年從國外回來接見貴族時，當場剪掉他們的長鬍子，禁止他們下跪，後來又下令禁止穿俄羅斯長袍。彼得鼓勵貴族學習西方人的嗜好，要他們頭戴撒了香粉的假髮，腳穿喇叭口的長統靴，帶著妻子兒女

參加各種晚會、舞會、進行社交往來等等。對於禮儀制度的改革，歷史留下了很多有趣的記載，比如，彼得一世曾經在新落成的列福爾特宮邸舉行過一次滑稽儀式——「醉鬼大會」。在盛宴上，彼得與寬袖長袍的傳統服式展開了第一次交鋒。

當時，出席宴會的顯貴都身著傳統的俄羅斯服裝：繡花襯衫、鮮豔的綢緞上衣、外罩長袍，手腕上緊繫著繡花袖套。長袍上面又套著一件又長又大的天鵝絨無袖袍。從上到下扣著一大排鈕扣。此外還有高聳的天鵝絨面的帽子。逢到天氣暖和時，皮大衣便被換成了皮領大袍，這是一種用昂貴料子製作、長及腳跟的袍子，袖口肥大，帶有四角可以折疊的領子。

彼得對國家行政機構進行了全面改革。他撤消了原來那些守舊無能、臃腫混亂的政權機構，把地方政權完全集中到中央，也就是彼得一人手中，這些改革使俄國皇帝有至高無上的權力，俄國也變成了絕對君主專制的國家。

彼得花了很大力氣進行軍隊改革。興辦兵工廠，造船、鑄炮，改善軍隊的武器裝備。同時，擴大徵兵，建立了一支擁有一百三十個兵團、二十萬士兵的強大陸軍和一支擁有四十八艘戰艦的海軍。

在改革過程中，彼得深深感到過去按門第選用官吏的這

促使俄國現代化的改革—1862 年俄國彼得大帝的即位

種制度的腐敗，決定打破舊傳統，按能力和才幹任用各級官吏。這一改革，使一些出身低微的人在政府中升任要職。彼得的第一位總檢察長雅古任斯基小時候養過豬，他的親信大臣、陸軍元帥緬西科夫曾經在莫斯科街頭賣過肉包子。

彼得及其改革是俄羅斯歷史上重大的改革，開始了俄羅斯向歐洲資本主義文明的邁進，並使俄羅斯躋身於歐洲強國行列的進程。彼得激烈、激進地改革，不僅改換了俄羅斯人的頭腦，甚至改變了俄羅斯皇族的血緣。他嚴厲地鎮壓改革的反對派，不惜處死反對改革的親生兒子阿列克塞。馬克思曾說過：「彼得大帝用野蠻制服了俄國的野蠻。」

彼得進行改革之後，俄國富強了。彼得又開始為俄國尋取出海口，南方不行，就把眼光投向北方，首要的進攻目標就是瑞典。瑞典是北歐最強大的國家，也是歐洲強國之一，它擁有一支強大的軍隊。彼得要和瑞典爭奪波羅的海是一個非常大膽的決定，是對俄國的一次嚴峻的考驗。

1700 年秋天，彼得率三萬大軍包圍了瑞典的城堡納爾瓦。俄軍一連猛攻了兩個星期，瑞典軍隊頑強抵抗，納爾瓦城堡又非常堅固，俄軍的砲彈都快打完了，納爾瓦依然還在瑞典人手裡。這時，瑞典十八歲的國王查理十二世親自率領一萬多名瑞典軍人，首先擊敗俄國的盟友波蘭和丹麥，然後又以閃電般的速度來到納爾瓦，增援被圍的瑞典軍隊。

實行勸農政策

　　初冬的北歐已經十分寒冷了。俄軍在納爾瓦激戰了將近一個月，已經疲憊不堪，後邊的糧食又供應不上，俄軍忍著饑餓伏在戰壕裡，怨天怨地。瑞典軍隊在凌晨時分突然發動了攻擊，前鋒悄悄摸到了俄軍的陣地上。俄軍立即亂作一團，有的毫無目標地射擊，有的看勢頭不對，開始逃跑。

　　這一仗下來，俄軍幾乎全軍覆沒，傷亡一萬多人，大砲和各種武器全被瑞典人繳獲，軍官大多數死在了戰場上，彼得僥倖逃脫。但是，彼得沒有就此放棄。為了向國外購買武器裝備，他把賦稅提高了四倍，還增加了各種新的稅收。對於老百姓來說，幾乎沒有什麼東西可以不繳稅的，就連婦女的洗衣盆，死人的棺材，房子的煙囪，人臉上的鬍子，都要繳稅，甚至連人的眼珠如果不是藍色而是黑色或灰色，也要繳稅。

　　一年之後，彼得率領強大的俄國軍隊向波羅的海進軍。俄國和瑞典在波爾塔瓦再次展開了規模空前的激戰。彼得親臨前線指揮，他的帽子和馬鞍都中了槍彈。最後，瑞典潰敗，查理十二世逃到土耳其。後來俄軍又多次在波羅的海打敗瑞典。1721 年，雙方簽訂和約，俄國從瑞典手中奪得了芬蘭灣、波斯尼亞灣沿岸的土地，從而解決了北方出海口問題。獲勝後的彼得在涅瓦河口附近的科特林島上修建要塞卡朗施塔特，在葉尼薩利島上建立彼得・保羅要塞。彼得・保

促使俄國現代化的改革—1862 年俄國彼得大帝的即位

羅要塞地處大涅瓦河、小涅瓦河的匯合點，控制著通向波羅的海的水路。彼得選中這塊地方作為未來的首都，使它成為真正的通向歐洲的商口。1712 年，彼得又在涅瓦河兩岸的荒島上建立了一座新城市，這就是後來的彼得堡，一座通向歐洲的海港城市誕生了。建造這座城市付出了巨大的代價，據說，當時貴族們被命令離開莫斯科到這裡定居；數千名農奴命喪黃泉；除這裡外，其他地方禁止將石頭用於建築；每位參觀者必須要搬幾塊大石頭以充當稅錢。彼得一世從此可以實現自己的諾言了：「我們在未來的幾十年中都會需要歐洲，然後我們就可以轉過身去，拿屁股對著它了！」

1721 年十月，俄國樞密院尊稱彼得為「全俄羅斯大帝」和「祖國之父」，俄國也正式改稱「俄羅斯帝國」。

殖民地人民政治上的覺醒──
十八世紀西屬美洲殖民地的改革運動

　　1700 年，西班牙國王查理二世病危，在遺囑中，他把王位傳給了法國國王路易十四的孫子菲力浦公爵，由此引起了西班牙王位繼承戰。戰後，波旁家族入主西班牙王室，取代了統治西班牙兩百多年的來自奧地利的哈布斯堡王朝。西班牙政局的這一重大變化成為西班牙及其美洲殖民地發生一系列變革的主要原因。

　　十八世紀歐洲社會經歷著劇烈的變動，資產階級革命作為一股不可抗拒的歷史潮流猛烈地衝擊著腐朽、沒落的封建制度。深受啟蒙思想影響的波旁王朝為了挽救西班牙的衰落，與歐洲列強抗衡，實行開明君主制並著手對西班牙及美洲殖民地的政策進行一系列重大的調整。史稱「波旁改革」。

　　西屬美洲殖民地改革的主要內容有：

管理體制的改革

　　管理體制改革的內容之一是行政區的重新規劃和殖民機構的重新調整。哈布斯堡王朝時的美洲殖民地分為新西班牙總督區和祕魯總督區。前者包括墨西哥及中美洲的一部分，後者囊括了除新西班牙總督區外所有中南美洲的西班牙殖民

殖民地人民政治上的覺醒—十八世紀西屬美洲殖民地的改革運動

地。這種劃分是十分粗糙的。轄區過大不利於統一管理,也不利於抵禦日益增長的來自外部的威脅。1716 年王室批准在新西班牙設立獨立於總督之外的都督府,轄地包括墨西哥北部諸省和加利福尼亞、新墨西哥、得克薩斯。首府先設在索諾拉,後改在奇瓦瓦。主要目的在於加強邊疆防衛,對付不斷增長的英、法、俄勢力的侵入。1717 年新格拉納達都督府改為新格拉納達總督區,轄區包括今天的哥倫比亞、厄瓜多爾、委內瑞拉,首府設在聖塔菲。1739 年八月,這一決定正式生效。1776 年南部拉普拉塔總督區成立,轄地包括今天的玻利維亞、烏拉圭、巴拉圭、阿根廷等地。1778 年又設立了智利都督區。新轄區的設立對保衛殖民地領土的完整、抵禦外來侵略者及加強殖民地內部的管理起了積極的作用。

在管理體制上,波旁王朝後的最大變化是根據法國的經驗在殖民地引進了監察官制度。哈布斯堡王朝時的官僚體制主要是總督制,但是由於買賣官職,地方土生白人的勢力日益強大,官僚機構不是王權的象徵而成了土生白人控制的工具。同時,為了收回買官的花費,官吏們利用職權橫徵暴斂、敲詐勒索,引起人民的強烈不滿。1764 年監察官制首先試行於古巴,1782 年開始在大陸推廣。首先在拉普拉塔區設立監察區八個,1784 年祕魯都督府也仿照拉普拉塔區的做法進行了類似的改組,組成八個監察區。1787 年新西班牙取

削弱教會勢力

消了兩百個郡，代之以十二個監察區。1790 年除部分邊境省份仍由軍事首腦管理外，大部分地區都實行了轄區制。根據 1786 年王室頒布的監察官細則，監察官的職能相當於省級行政長官，其權限包括維護社會治安、決定公共工程的興建及管理經濟、財政和防務。原來由檢審庭負責的稅收也歸監察官管理。監察官之下取消原來的郡守之職，改由監察官直接派遣代理機構處理市鎮事務。監察區制的建立削弱了總督和市議會的權力，各監察區內監察官成了至高無上的權威，地方事務包括最重要的徵稅權在內也都由監察官的代理人負責。由於監察官都是由王室直接任命，繞過了總督，所以，王室對殖民地的控制大大加強了。

削弱教會勢力

　　教會是西屬美洲殖民地統治機器的重要組成部分，在殖民地享有種種特權。教會不僅透過傳教活動控制著人們的思想，而且透過徵收什一稅、放高利貸等手段積累了大量的財富。教會對社會財富過多的壟斷和教權企圖凌駕於王權之上的離心傾向，越來越引起王室的不滿。波旁王朝利用改革之機著手制定限制教會的措施並在卡洛斯三世執政時，於 1767 年六月二十四日將西屬美洲各地的耶穌會教士全部驅逐出境，總數達兩千五百多人。被逐的教士有的被流放到大西洋

的荒島，有的亡命歐洲，他們的財產被充公。這一行動極大地削弱了教會的勢力。

財稅改革

　　財稅改革包括兩個方面的內容：一是改革舊的稅收體制，使財權與政權分離；二是廣開財源、增加新稅。以前殖民地的稅收是總督和檢審庭透過各級殖民官吏完成的。這種體製造成層層盤剝、任意截流，弊端極多。1776 年卡洛斯三世頒布諭令，重建殖民地統計署。重建後的統計署成員由宗主國委派，全部是年輕的專職人員。統計署直屬宗主國財政部領導。這些措施使財政管理專業化，並從殖民地官吏的手中分離出來，有效地保障了宗主國的收入，但卻遭到總督們的反對，在卡洛斯三世派往殖民地的得力大臣加爾維斯死後，舊體制很快又恢復了。 波旁王朝對殖民地的稅收大大增加了。如商業稅以前只有大商人交，後來中小商人都要交納。特別是 1769 年實行菸草專營使王室大獲其利，僅新西班牙的煙稅每年就給宗主國帶來三百萬比索的收入。

礦業改革

　　礦業是殖民地最重要的經濟部門。但是由於礦井年久失修、技術落後等原因，從十七世紀中葉起礦業生產日益萎縮。為此，波旁王朝把振興礦業視為開發殖民地的首要內

容。礦業改革的內容之一是降低採礦的重要物資水銀的價格。殖民地水銀的售價由 1590 年的每一百公斤一百八十七比索降為 1750 年的八十二比索，1767 年的六十二比索和 1778 年的四十一比索。1768 年礦業稅由原來產量的兩成降為一成。1783 年頒布了新礦業法。新法使礦主得到了包括免稅進口所需機械和原料在內的各種特權。為了維護礦主利益、解決礦業糾紛，成立了直屬宗主國礦業署的礦業委員會和礦業法庭。此外，為促進礦業的發展還開辦了礦業銀行，成立了礦業學院，聘請了許多歐洲礦業專家前來執教或當顧問。

採取上述措施後，美洲殖民地的礦產量迅速回升。白銀的主要產地之一新西班牙，1741 年至 1760 年平均年產白銀六百萬公斤，1761 年至 1780 年為七百三十三萬公斤，1781 年至 1800 年達到一千一百二十五萬公斤。整個美洲的金銀出口量十八世紀末為十八世紀初的三倍多。

貿易改革

西班牙對殖民地的貿易壟斷制早就引起殖民地人民的不滿，由於商品缺乏而造成的走私貿易又使宗主國喪失了大量關稅收入，因此，貿易制度的改革勢在必行。1765 年十月十六日卡洛斯三世頒布諭令，同意古巴、波多黎各、聖多明各等地商人關於他們間相互貿易、降低關稅及與宗主國自由貿易的請求。1770 年又將這一特許擴大到尤卡坦和坎貝切。

殖民地人民政治上的覺醒─十八世紀西屬美洲殖民地的改革運動

1774 年取消對新西班牙、新格拉納達、祕魯與宗主國貿易的限制，來往貿易的貨船也不限於只用宗主國的船隻。1778 年十月十二日西班牙與西印度貿易自由條例及稅率頒布，西班牙與殖民地貿易的港口增加到十三個，殖民地開放的港口增加到二十四個，關稅率下降，免稅商品數量增加，各地的貿易署紛紛成立。1789 年二月二十八日實行了兩個世紀的商船隊制取消，到 1796 年西屬美洲殖民地的任何港口都可以和宗主國的進行港口貿易及運回歐洲商品，基本上實現了自由貿易。貿易禁令的解除使殖民地與宗主國的貿易額劇增，由 1753 年的一點七九億法郎達到 1800 年的六點三八五億法郎，半個世紀內擴大了近四倍。

總之，波旁改革是西屬美洲殖民地社會生產中的重大事件，它使整個殖民地的面貌發生了較大的變化。改革後，宗主國對殖民地控制的加強和殖民地經濟生活的活躍給宗主國帶來了更多的財富，而對殖民地剝削的加深及隨改革而進入的新思想新觀念則促進了殖民地人民政治上的覺醒，以致沒過多久就引發了一場全面的反抗並最終擺脫了西班牙的殖民枷鎖。

英國政治生活中的一件大事 ——
1760 年英國內閣制的產生

　　英國內閣制是英國政治長期演變的產物。中世紀末期，協助君主管理國家的樞密院成員約二十餘人，為了更有效地進行工作，查理二世時期，由有權勢的樞密院成員（其中最重要的是財政大臣及兩個國務大臣）組成一個更小的決策機構，從組織形式上可謂內閣的最早起源。1688 年政變後，限製法案在初期尚未很好地發揮作用，人事大權掌握在國王手中，內閣的組成以國王的意願為準。

　　漢諾威王朝時期，喬治一世（1714-1727 年在位）與喬治二世（1727-1760 年在位）以外國人身分入主英國，既不熟悉英國國情，又不關心英國政治，況且不懂英語，用拉丁語與大臣們交談頗為不便，以致把出席樞密院會議當成一種負擔。因此，從 1717 年開始便不出席該會。從此，輝格黨逐漸將內閣權力集中在自己手中。輝格黨領導人羅伯特‧沃波爾在處理「南海氣泡」事件中挽救了南海公司，使國家財政狀況趨於穩定，深受商業金融資產階級的青睞。1721 年三月被任命為財政大臣，並成為內閣的實際領袖，從而開創了首席大臣領導內閣，英王不參加內閣會議的先例。沃波爾擔任內

英國政治生活中的一件大事—1760年英國內閣制的產生

閣的首腦的二十餘年是英國政治重要發展時期，他打著王室的旗號推行休養生息的政策。他改革關稅制度，獎勵穀物和農產品的出口，對手工工場所需之原料降低了進口稅，對出口的工業產品實行免稅政策。內閣成為協調國王與國會關係的重要因素。自1737年起，沃波爾的地位發生了動搖，他的政策引起了要求向外擴張的大資產階級，大商人的不滿。迫於壓力在1739年向西班牙宣戰，即「詹金斯的耳朵戰爭」，後因出師不利，大資產階級把戰敗的責任歸咎於他。沃波爾失去國會的信任被迫辭職。此舉開創了內閣首相得不到國會多數支持時必須辭職的先例。

1760年喬治三世繼位（1760-1820年在位），英國的政治生活發生了重大變化。喬治三世與其父輩不同，他出生在英國，從小受到英國王室的傳統教育。他對立憲君主制下的國王地位極為不滿，力圖恢復君主專制統治。他從全面支持國王的人中組織「國王之友」內閣；一切比較重要的政府職務、教會職務、軍隊職務的任命，全操在國王的手中；使用政治賄賂來收買議員，控制議會。可見喬治三世統治時期是議會內閣制發展中的一股逆流。對此，倫敦資產階級率先進行反擊，《北方不列顛人》報發行人威爾克斯首先發難，1763年四月，該報第四十五期警告國王不要步斯圖亞特王朝專制的後塵。1770年初，輝格黨著名思想家愛德蒙·柏克指

出：「要劃一條把宮廷和政府分開的界限。迄今為止，二者被視作同義語。但是，為了未來，宮廷和行政部門應當看做截然不同的事物。」1779年，約克郡的鄉紳發動了聲勢浩大的運動，其請願書中寫道：「王權已獲違憲的巨大勢力，如不限制勢必對國家的自由有致命的影響」。四月六日，下院透過了輝格黨人唐寧所提的採取果斷措施限制這個「增長了的，危險的和違憲的王權」的動議。大勢所趨，國王之友內閣中最忠實的成員諾斯在給喬治三世的信中也不得不承認：「現政府的命運已完全絕對地、無可挽回地被決定了」，「陛下完全清楚地知道，在這個國家，王座上的君主不能反對下院深思熟慮的決定，陛下如仿效您那些光輝的前任君主們，最後順從下院的意志和願望，您將不失去任何名譽。」三天後，喬治三世被迫接受輝格黨人限制王權的條件，由他們上台執政。

1783年，皮特成為內閣首腦後，就和原來支持福克斯一諾斯政府的國會發生衝突，皮特所提出的一切建議均受到國會的激烈反對。國會的反對與阻撓使他贏得了國會外的同情，在國會中陷於孤立的皮特沒有辭職，1784年他解散國會重新大選。結果獲得了完全勝利，下院有一百六十個反對派議員落選，皮特鞏固了自己的地位。此舉開創了內閣首相得不到國會多數支持時，可以解散國會重新大選，選舉中獲

勝則內閣連任，失敗則內閣必須辭職的先例，補充了沃波爾未完成的部分，使責任內閣制逐漸完善。行動本身削弱了王權。十九世紀中葉，王權被排斥於決定內閣組成的權力之外，由議會決定內閣，內閣向議會負責，閣員由首相提名的責任內閣制終於建立了起來。

美利堅合眾國的誕生 ——
1775 年美國獨立戰爭的爆發

　　1775 年四月十九日，在萊剋星頓打響第一槍的美國獨立戰爭，是北美殖民地人民為反對英國殖民統治，爭取民族獨立而進行的民族解放戰爭。這場戰爭從 1775 年至 1783 年，持續八年之久，最終以英國在北美殖民統治的破產和北美殖民地的獨立而告結束。一個今後將主導世界的超級大國在萬里長征中邁出了第一步。

聞名世界的第一槍

　　北美大陸本來是土著居民印第安人世代生息繁衍之地。

　　十七世紀初，歐洲開始向北美移民。1607 年第一批英國移民在今維吉尼亞建立了第一個立足點 —— 詹姆士城，從此掀起了奔向北美大陸的移民潮。從 1607 年第一批移民踏上維吉尼亞至 1733 年最後一個殖民地喬治亞的建立，英國移民先後在北美東海岸建立了十三個殖民地，這就是後來美國最初的十三個州。

　　歐洲移民來到北美洲，同時也把歐洲的資本主義生產方式移植到了北美洲。資本主義生產關係首先在種植場迅速萌

發。殖民地農業、工商業尤其是航海業、造船業、海外貿易蓬勃發展。與此同時，北美十三個殖民地的居民日益融合。

在獨立戰爭爆發前，在北美這個新的地域上已形成了一個不同於英國的新民族 —— 美利堅民族，在不列顛帝國的疆界內出現了與英國資本主義並存的北美資本主義。英屬北美殖民地資本主義的發展合乎邏輯地提出了這樣的要求：掙脫對宗主國的依附關係，獨立地發展資本主義。

然而北美殖民地獨立發展資本主義的強烈願望遭到了英國當局高壓政策的阻撓。英國殖民當局為了使北美殖民地永遠充當其廉價的原料基地和商品傾銷市場，極力遏制殖民地經濟的自由發展。英國殖民當局接連頒布一系列法令，禁止向阿巴拉契山以西遷移，禁止殖民地發行紙幣，解散殖民地議會，對殖民地課以重稅，加緊軍事控制等等。英政府的這種作為，激起了殖民地各階層人民的強烈反抗。群眾紛紛走上街頭，舉行聲勢浩大的遊行示威。1770 年三月五日發生了駐北美英軍槍殺波士頓居民的「波士頓慘案」，群情為之激憤。1774 年英政府變本加厲，又接連頒布五項「不可容忍的法令」，使宗主國與殖民地矛盾進一步激化。北美殖民地人民忍無可忍，決心拿起武器與殖民當局抗爭。為了迎接即將到來的戰鬥，各個殖民地紛紛儲集軍火，製造武器，組建民兵隊伍。

　　1774 年九月 5 日，十二個殖民地選派的五十五名代表在費城召開了第一屆大陸會議，商議共同抗英事宜。會議後，革命形勢日益成熟，北美殖民地同宗主國之間除了用戰爭解決問題外，已別無選擇。

　　1775 年四月十八日，麻薩諸塞總督托馬斯・蓋奇根據密報，派遣八百名駐波士頓英軍前往康科德，搜繳當地民兵的祕密軍火庫，並企圖逮捕當地革命組織「通訊委員會」的領導成員。這一消息為「通訊委員會」情報人員所截獲，星夜飛報了當地愛國者。當地民兵組織接報後，立即集結。翌日清晨，當英軍進至萊剋星頓和康科德一帶時，遭到了嚴陣以待的民兵的襲擊。民兵們從岩石、樹林、灌木叢後面對準英軍發出了雨點般的射擊。英軍傷亡兩百七十三人，北美民兵傷亡九十三人，康科德、萊剋星頓的戰鬥打響了「聲聞全世界」的第一槍，揭開了美國獨立戰爭的序幕。八月二十三日英王發布告諭，宣布殖民地的反抗為非法，聲稱「寧可丟掉王冠，絕不放棄戰爭」。十二月二十二日，英國議會透過派遣五萬軍隊赴北美殖民地鎮壓革命者的決議。面對這一形勢，1775 年六月十五日大陸會議決定組建正規的大陸軍，原英軍上校、維吉尼亞種植場主華盛頓被任命為大陸軍總司令。英軍企圖憑藉其陸海軍優勢首先切斷新英格蘭與其他殖民地的連繫，然後各個擊破之。大陸軍在華盛頓的率領下採

取避敵鋒芒、持久耗敵的方針，與英軍展開了長期的艱苦卓絕的抗爭。

獨立戰爭和美利堅建國

從 1775 年四月打響獨立戰爭第一槍到 1783 年戰事結束，為期八年的美國獨立戰爭大體經歷了以下三個階段：

第一階段：從 1775 年四月至 1777 年十月，為策略防禦階段。這一階段的主戰場在北部地區，策略主動權掌握在英軍手中。1775 年六月十七日，波士頓民兵在邦克山與裝備精良的英國正規軍展開了第一次正面交鋒，顯示了北美民兵驚人的戰鬥力，大大鼓舞了殖民地人民為獨立而戰的鬥志。在抗爭的高潮中，1776 年七月四日，第二屆大陸會議透過了《獨立宣言》。資產階級民主派傑佛遜是宣言的主要起草人。宣言列舉和痛斥了英王對殖民地實施的暴政，向全世界莊嚴宣告北美殖民地脫離英國，由此獨立的美利堅合眾國正式成立。是日定為美國國慶日。

1776 年十二月，在經過激烈爭奪後，為了保存軍力，化被動為主動，華盛頓放棄紐約。紐約失陷代表著獨立戰爭進入困難時期。1776 年十二月二十五日的聖誕節之夜，華盛頓率部渡過特拉華河，奇襲特倫頓黑森僱傭軍兵營成功，接著又在普林斯頓重創英軍，使陷入低潮的美國獨立戰爭重新獲

得了活力。1777 年七月，英軍計劃兵分三路，分進合擊，會師奧爾巴尼，以儘快實現其切斷新英格蘭的策略企圖。當北路一千兩百餘名英軍在伯格因的率領下，從蒙特羅孤軍南下時，立即陷入新英格蘭民兵的汪洋大海之中，處處受到民兵阻擊和圍追堵截。在弗里曼農莊和貝米斯高地接連受挫後，伯格因被迫退守薩拉托加。大陸軍和民兵以三倍於英軍的優勢兵力將其團團圍住，伯格因彈盡糧絕，孤立無援，於十月十七日被迫率領五千七百名英軍投降。薩拉托加大捷大大改善了美國的策略態勢和國際地位，是美國獨立戰爭的重要轉折點。

第二階段：從 1777 年十月至 1781 年三月，以薩拉托加大捷為代表，進入策略相持階段，主戰場逐步轉向南部地區。

在這一階段，國際環境日益向有利於美國方向發展。薩拉托加大捷後，法國、西班牙、荷蘭等改變了動搖不定的觀望態度。1778 年二月法美簽訂軍事同盟條約，法國正式承認美國。1778 年六月法英開戰，西班牙也於 1779 年六月對英作戰。俄國於 1780 年聯合普魯士、荷蘭、丹麥、瑞典等國組成「武裝中立同盟」，打破英國的海上封鎖。1780 年十二月，荷蘭進一步加入法國方面對英作戰。北美獨立戰爭擴大為遍及歐、亞、美三大洲的國際性反英戰爭，英國陷入空前孤立

的境地。在南部戰場上，美國大陸軍和民兵以游擊戰和游擊性的運動戰與敵周旋，日趨主動。在 1781 年的吉爾福德之戰中，英軍傷亡慘重。在大陸軍和民兵的持久消耗下，英軍漸感力量不支。

1781 年四月英軍在康華利率領下，實行策略收縮，向北退往維吉尼亞。美軍乘勢揮師南下，在民兵游擊隊配合下，拔除英軍據點，收復了除薩凡納和吉爾斯頓之外的南部國土。

第三階段：從 1781 年四月至 1783 年九月，為策略反攻階段。1781 年八月，康華利率八千名英軍退守維吉尼亞半島頂端的約克鎮。此時在整個北美戰場英軍主要收縮於紐約和約克鎮兩點。1781 年八月，華盛頓親率法美聯軍祕密南下維吉尼亞，與此同時，德格拉斯率領的法國艦隊也抵達約克鎮城外海面，擊敗了來援英艦，完全控制了戰區制海權。九月二十八日，一點七萬名法美聯軍從陸海兩面完成了對約克鎮的包圍。

在聯軍炮火的猛烈轟擊之下，康華利走投無路，於 1781 年十月十九日宣布投降。八千名英軍走出約克鎮，當服裝整齊的紅衫軍走過衣衫襤褸的美軍面前一一放下武器時，軍樂隊奏響了《地覆天翻，世界倒轉過來了》的著名樂章。

約克鎮戰役後，除了海上尚有幾次交戰和陸上的零星戰

鬥外，北美大陸戰事已基本停止。1782 年十一月三十日，英美簽署《巴黎和約》草案，1783 年九月三日，英國正式承認美國獨立。

最徹底的資產階級革命 ——
十八世紀法國大革命的爆發

大革命的背景

　　世界從封建時代走向資本主義時代，是從歐洲開始的。歐洲經過長時間的中世紀黑暗時期，迎來了光明的一天。在此之前，歐洲大陸處在封建主統治之下，諸侯割據，壓迫沉重，沒有人權和自由，也沒有產生現在意義上的民族獨立國家。現在的義大利、德國等，都是在以後才統一的。民族主義和自由主義能夠在世界發揚光大的一個大契機，就是法國資產階級大革命。

　　十八世紀的法國，資本主義工商業已經有了很大發展。但是法國又是歐洲大陸上典型的封建專制國家。它的農業占統治地位，工商業發達的程度，也在歐洲大陸首屈一指。但是專制政府不斷提高稅收，加重了對企業的盤剝。全國關卡林立，阻礙了國內貿易的發展。此時的法國社會分為三個等級。其中第一、第二等級為特權等級，特權等級包括教士和貴族，只占總人口的百分之三，卻占有全國分之一以上的土地。第三等級包括農民、工人、城市平民和資產階級，農民少地或無地，工人和平民生活困苦，資產階級要求享有政治

權利，社會等級對立嚴重。此時的法國社會還是依據出身而不是財產來決定其地位，這一點已經不適應社會的發展。總之，封建統治已經嚴重制約了法國資本主義的發展，影響了歷史進步的潮流，這就需要一場革命，來除舊布新，完成從封建社會到資本主義的轉變。

巴黎市民攻占巴士底獄

就在這時，法國封建政府正在受到越來越嚴重的財政困擾。為了解決財政危機問題，國王路易十六被迫召集一百五十年來從未召開的三級會議。這次三級會議成了法國大革命的導火線。參加三級會議的第三等級代表提出限制國王的權力，把三級會議變成國家的最高立法機關。這引起了國王的震怒和恐慌，他馬上出動軍警，封閉會場，禁止國民議會開會。1789 年七月九日，國民議會改名為「制憲議會」，公開反抗國王，雙方的衝突趨向激烈。

1789 年七月十四日清晨，憤怒的巴黎市民揭竿而起。而巴士底獄成為重要的攻擊目標。巴士底獄是一座非常堅固的要塞。十八世紀末，它成了控制巴黎的制高點，法國國王在那裡駐紮了大量軍隊，專門關押政治犯。在某種意義上，巴士底獄成了法國專制王朝的象徵。這一次，憤怒的起義者把它完全拆毀，象徵著封建罪惡的巴士底獄從此在地球上消失了。為了紀念巴黎人民英勇攻占巴士底獄的偉大功績，法國

把七月十四日作為自己的國慶節。

巴士底獄的陷落代表著民眾登上了歷史舞台。他們的干預挽救了資產階級，從此，後者不得不在關鍵時刻依靠街頭下層民眾提供「一次革命」。從巴黎人民攻占巴士底獄到熱月政變，法國大革命經過了五年的歷程，發生了三次大起義，其勢如暴風驟雨，迅猛異常。在三次起義中，人民群眾都顯示了偉大的力量，而且一再從危急中把革命挽救過來，進一步推動它向前發展。

《人權宣言》和王權的顛覆

1789 年七月十四日以後，制憲議會實際上成了法國最高的行政和立法機關。左右大局的是第三等級的代表，其中起主導作用的，是代表大資產階級和自由派貴族利益的君主立憲派。不久，制憲議會又發布《人權宣言》。它的主要內容包括：人類生來是而且始終是自由平等的；自由、財產、安全和反抗壓迫都是不可動搖的人權；法律是公共意志的表現，在法律面前人人平等；財產是神聖不可侵犯的權利等。宣言揭示了天賦人權、自由、平等的原則，體現了摧毀君主專制的要求，否定了封建等級制度，具有進步的歷史意義。但在同時又承認了財產的不平等，維護了資產階級的利益。

隨著革命的爆發和發展，統治階級驚恐萬狀。大批王公

貴族逃往國外，從事反革命活動。路易十六拒絕批准制憲議會的決議和《人權宣言》，還準備以武力解散制憲議會。幾支部隊奉命向凡爾賽調集，國王的行為激怒了巴黎群眾。1789 年十月初，首都民眾湧向凡爾賽，將王室強行帶回巴黎，制憲議會也遷到巴黎。

1791 年，制憲議會頒布憲法，規定法國為君主立憲制。制憲議會解散。根據憲法，同年新選出來的立法會議開幕。君主立憲派控制著議會的領導權。不久，來自國外武裝干涉的危險加劇。

1792 年春，法國立法會議對奧地利宣戰，不久普魯士站在奧地利一邊對法作戰。戰爭開始時，形勢對法國不利。敵軍闖入法國境內，革命處於危機之中。為了捍衛革命，法國人民奮起保衛祖國，組織義勇軍，不斷開往前線。在抗擊外國武裝干涉的戰爭中，路易十六的反革命面目充分暴露。1792 年八月巴黎人民起義，攻占王宮，推翻了法國的君主制。

從吉倫特派掌權到熱月政變

八月起義勝利以後，代表工商業者利益的吉倫特派控制著立法議會，掌握了行政大權。立法議會為民意所迫，宣布暫時停止國王的權力，決定召開由普選產生的國民公會。九

最徹底的資產階級革命—十八世紀法國大革命的爆發

月,法國贏得瓦爾密之戰的勝利,外敵入侵被制止。國民公會開幕,取代了立法議會。國民公會透過成立共和國的決議,這就是歷史上的法蘭西第一共和國。

1792 年底,國民公會開始審判國王。1793 年初,路易十六以「陰謀反對公眾自由和危害國家安全」的罪行,在巴黎被推上斷頭台。處死國王,是一個劃時代的事件,它代表著封建勢力遭到了嚴重的打擊。

當時,法國面臨的內外形勢依然十分嚴峻。1793 年五月底至六月初,巴黎人民發動了第三次武裝起義,打倒了吉倫特派,把代表中小資產階級利益的雅各賓派推上了統治地位。雅各賓派採取了一系列革命的措施,「把恐怖提上日程」:在經濟方面,嚴禁囤積居奇,對日用生活品實行最高限價政策;在政治方面,頒布了嫌疑犯法令,規定一切嫌疑犯都要收押和監管。許多嫌疑分子被處決,甚至路易十六的王后也被送上了斷頭台。

雅各賓派實行的恐怖政策,在挽救共和國和拯救革命方面,起了不容抹煞的作用,但不幸的是,雅各賓派過激和恐怖的政策,也使它走向分裂和內訌。陷於孤立的羅伯斯庇爾未能完全守護住法國革命的成果,而反法同盟一而再地被各歐洲封建君主拼湊起來,它們一輪輪地圍剿法國革命,企圖恢復法國波旁王朝的封建統治。1794 年七月二十七日,雅各

賓派中被羅伯斯庇爾鎮壓的右派勢力發動「熱月」政變，逮捕了羅伯斯庇爾和聖茹斯特，建立熱月黨人統治。這時革命最危急的關頭已過去，熱月黨人成立了新的革命政府 —— 督政府，他們清除了羅伯斯庇爾時期的革命恐怖政策和激進措施，建立了資產階級的正常統治，維護了共和政體，在法國國內維護了資產階級革命的成果。

但國外圍剿革命的勢力仍是濁浪滔天。此時，督政府中又一個新的政治明星應運而生，他就是拿破崙。歷史又淘汰了熱月黨人，在「霧月」政變中，年輕的拿破崙執政，擔負起並完成了掃蕩歐洲封建勢力、最後鞏固大革命成果的重任。

法國大革命的另一個成果就是使民族主義和自由主義在歐洲大陸勃然興起。

中世紀時，所有西方基督教徒都屬於天主教會，所有受過教育的人都使用拉丁語；羅馬帝國的普濟主義存在於天主教會，存在於拉丁語，存在於神聖羅馬帝國中，雖然神聖羅馬帝國是個搖搖欲墜的國家。因而，在那些世紀裡，民眾應忠於國家這一點是無人知曉的。相反，大多數人認為自己首先是基督教徒，其次是某一地區如勃艮第或康瓦爾的居民，只是最後 —— 如果實在要說的話 —— 才是法蘭西人或英格蘭人。

最徹底的資產階級革命─十八世紀法國大革命的爆發

　　民族主義在法國革命和拿破崙時期中得到了最大的促進。法國革命要求所有法國公民都說法語即「中央的或國家的語言」，來代替許多地區方言。它建立了公立小學網，來教授法語和灌輸對國家的熱愛。法國革命也促進了報紙、小冊子和期刊的出版，這些讀物寫得粗淺、通俗，因而給全國人民留下了深刻的印象。此外，法國革命還創立了如國旗、國歌和國家節日那樣的民族主義儀式和象徵。

　　十九世紀，民族主義成為歐洲歷史中的一個主要因素，以後又成為二十世紀世界歷史中的一個主要因素。但是，在十九世紀後半世紀，它變得愈來愈沙文主義和軍國主義，其原因在於社會達爾文主義的影響，在於俾斯麥用馬基雅維裡式的外交手腕和他所稱的「鐵血」戰爭成功地統一了德國。

　　自由主義是歐洲第二個影響世界的偉大的主義。由於法國大革命的推動，到十九世紀末葉，成年男子選舉權已在西歐大部分國家被使用。甚至受崇敬的自由放任主義原則也逐步得到修改。一種新的、民主的自由主義發展起來，它承認國家對全體公民的福利所負的責任。因此，西歐各國由德國帶頭，紛紛採納了種種社會改革方案，其中包括老年養老金，最低薪資法，疾病、事故和失業保險，以及有關工作時間和工作條件的法規。民主的自由主義的這些改革已成為我們當今時代的福利國家的前奏。

揭開印度民族大起義的序幕 ——
十九世紀初印度瓦哈比運動

　　十九世紀上半葉印度穆斯林反抗英國殖民統治和封建剝削、復興和改革伊斯蘭教的運動，主要包括北印度的賽義德·艾哈默德·巴雷爾維·沙希德（1786-1831年）領導的聖戰者運動和孟加拉的哈吉·沙里阿特·阿拉（1764-1840年）、杜杜·米揚（1819-1860年）領導酌神聖義務運動。由於聖戰者運動和神聖義務運動都具有純潔信仰、反對殖民主義和武裝抗爭的性質，與阿拉伯半島的瓦哈比運動有許多相似之處，因此也被稱做「印度的瓦哈比運動」。

　　印度瓦哈比運動是十九世紀上半葉印度人民最廣泛、最有組織性和思想性的反抗殖民統治和壓迫的運動。該運動以驅逐異教徒、維護信仰為主要口號，具有濃厚的宗教色彩；同時又以武力反抗異教徒和地主階級，具有武裝抗爭的性質。該運動雖然是由穆斯林宗教領袖發起的、以穆斯林為主體的反對殖民主義和封建主義的運動，但實際上，作為全體印度人民反對殖民統治進行總動員的一部分，已經揭開了1857年印度民族大起義的序幕。

普魯士資本主義的萌芽——十九世紀普魯士施泰因改革

　　普魯士是德國的一個大邦，直到十九世紀初，還是一個落後的封建農奴制的專制王國。

　　1806 年秋，俄英普等組成第四次反法聯盟，對拿破崙作戰。十月十四日，法軍在耶拿城下大敗普軍，十月二十七日占領普魯士首府柏林。普王及其政府狼狽地逃竄到普俄邊境。普魯士被迫投降，喪失領土二分之一，付出一億法郎的賠款。只是到這時，普魯士政府才模糊地理解到，依靠農奴的子弟，是無法戰勝自由的、占有土地的法國農民的子弟的。

　　普魯士國家瀕於解體。除去軍事上的崩潰外，普魯士國家的財政和經濟崩潰也迫在眉睫。人民群眾越來越看穿容克社會的腐敗和無能。嚴重的民族危機激起國內民族資產階級運動的高漲。一批與資產階級人士有連繫的、受過資產階級經濟思想薰陶的進步人士，認識到封建普魯士的腐朽性，他們想用資產階級改革來避免普魯士國家的完全崩潰，同時使整個德意志從拿破崙的統治下解放出來。他們力圖靠改革來改變社會關係。崩潰的威脅迫使普魯士統治階級同意改革的建議。

　　普魯士最主要的改革家是施泰因男爵。亨利希·弗裡德里希·卡爾·施泰因生於拿騷，年輕時學習法律和政治學。他深受英國政治經濟學家史密斯、柏爾克等著作的影響，並接觸過法蘭西革命的思想。他在出任威斯特發侖的礦務局局長和該省的議院議長時，力圖把資產階級人士吸收到國家的立法和行政機構中來。1804-1807 年，他出任普魯士稅務、貿易、廠礦部部長，設想在普魯士國家的行政管理中貫徹資產階級的經濟學原則，實行普遍的累進所得稅，因此遭到普魯士容克地主的一致反對。他們把施泰因看成是一個「熱忱革新的雅各賓黨」。1807 年，普王以施泰因是「一個剛愎、傲慢、頑固而不服從命令的國家公僕」的名義將其革職。

　　拿破崙卻認為，施泰因是唯一能夠領導普魯士財政經濟不至破產的人物。拿破崙關心普魯士的戰爭賠款。在拿破崙的主張下，1807 年十月，普王不得不把施泰因召回，任命為普魯士的首席部長。

　　施泰因的改革計劃包括解放農民、城市管理和國家最高行政管理。

　　1807 年十月九日，施泰因公布有名的《十月敕令》：「關於放寬土地占有的條件限制和自由使用地產以及農村居民的人身關係」。這項法律保證農民的人身自由和遷居自由。敕令第十款和第十一款這樣寫道：「自這項法令公布之日起，一

普魯士資本主義的萌芽—十九世紀普魯士施泰因改革

切隸屬關係概行取消。」但是敕令同時規定：農民「以自由人的身分由於占有土地或者由於特定契約而負擔的義務繼續有效。」這就是說，農民在取得某種所有權時還附帶著一切貨幣和實物負擔以及徭役和勤務負擔。

1808 年十一月十九日，由施泰因頒布了城市規程，規定國家只保留對各城市、它的規章和財產有「最高監督權」，各城市獲得自治權。同時規定，凡是每年收入少於兩百塔勒的市民，不作市民論，沒有選舉權和被選舉權。

同一年，施泰因頒行一個改善國家最高行政管理機構的規章，規定國家最高行政和監察都由二個國務會議來執行，國務會議直接處在國王的監督下，下設外交部、內務部、財務部、軍政部、司法部、文化部和工商部分管其職。國務會議任命各省省長。

施泰因改革，具有明顯的資產階級性質。十月敕令、城市規程和國家機構改革，都是針對容克階級的特權地位和普魯士的官僚制度的，因此改革遭到容克階級的激烈反對，他們想盡辦法來延宕以至阻止改革法令的實施。施泰因成了容克階級的眼中釘。當施泰因計劃要廢除一些貴族特權，例如世襲領主裁判權和實行鄉村自治時，容克們就使用卑劣的手段把他搞垮。1808 年，他們布下圈套，讓施泰因的一封信落到拿破崙手中，這封信對西班牙抗擊拿破崙的入侵表示由衷

的高興。拿破崙為此大怒，指令普王再度免去施泰因職務，並且剝奪他的公民權，通令緝捕。施泰因被迫逃亡國外，後逃到俄國，當了沙皇的顧問。1813-1814年，他與其他一些德意志的愛國者共同組織「德意志事務委員會」，致力於德意志的解放事業和建立德意志民族國家。但是這個計劃未能實現，沙皇和德意志諸侯在德國建立了一個分裂的聯邦，在德意志聯邦中恢復了封建制度。

但是，施泰因在普魯士的改革事業已經無法消除。1810年七月，開明容克貝登堡男爵被任命為首席部長，貝登堡男爵不得不繼續施泰因的改革事業，但他主張在改革中儘量照顧容克階級的利益。1811年九月十四日，頒布了「關於調整地主和農民之間關係的敕令」，該敕令規定了農民贖回土地的條件，即農民只有獲得地主的同意才能贖回土地，並且要把贖回土地的三分之一乃至一半交給地主。

施泰因的改革雖然具有很大的侷限性，但是在當時的普魯士，這是一個了不起的進步。改革促進了普魯士資本主義的發展，促進了德意志民族的覺醒。

促進埃及近代化發展的代表──
1808 年埃及穆罕默德‧阿里的改革

　　十八世紀末的埃及，名義上仍是鄂圖曼帝國的一部分，實際上處於馬穆魯克的統治之下。由於埃及國內連年戰爭，農業凋敝，手工業破產，對外貿易不振，階級矛盾十分尖銳。法國早就企圖占領埃及，開闢通往東方的航線，又想透過埃及與阿拉伯半島和伊朗發展貿易，獲得部分原料，開闢更廣闊的出口市場。法國革命後，法國把進攻埃及當做與英國爭霸全球的一環。1798 年，拿破崙率兵侵入埃及，埃及人民奮起反抗，1801 年，法軍被迫撤離。拿破崙的侵略給埃及人民帶來了深重災難，但也給腐朽的馬穆魯克集團以沉重打擊。

　　戰勝法國侵略者之後，埃及依然處於內憂外患之中，鄂圖曼帝國蘇丹指派庫斯拉烏為總督（稱「帕夏」），企圖加強在埃及的統治。馬穆魯克集團的殘餘勢力分成幾股，向鄂圖曼帝國的權威挑戰。在反法抗爭中興起的以奧馬爾‧麥克萊姆為代表的新地主商人集團，要求改變馬穆魯克割據局面，建立一個統一獨立的埃及。在反抗法國侵略的抗爭中，埃及人民提高了民族覺悟，迫切要求推翻奧斯曼的統治，消

滅馬穆魯克勢力，發展民族經濟，使自己的國家強盛起來。

　　穆罕默德・阿里（1769-1849 年）生於希臘，阿爾巴尼亞族人。1801 年應徵參加鄂圖曼帝國的軍隊，編入阿爾巴尼亞軍團，開赴埃及，很快由一名下級軍官晉升為該軍團的主要將領。他依靠自己指揮的這支武裝，削弱了鄂圖曼帝國指派的總督的勢力，奪取了政權。1805 年，奧斯曼蘇丹不得不任命他為埃及總督。在埃及建立起中央集權統治，剿滅了腐朽的馬穆魯克集團，實行了一系列政治、經濟、軍事和文化改革。

　　阿里的改革始於 1808 年。埃及的封建土地所有制和包稅制度是埃及長期封建割據、內戰不休的根源。阿里著力於控制全國的土地，從 1808 年起，他將一些封建地主的土地收歸國有，在全國範圍內廢除包稅制。阿里還將沒收來的一部分土地贈給了他的親信、家族和部屬，培植了一個新的地主階級；另一部分租給農民耕種。他統一了稅制，只向農民徵收土地稅。這些措施不僅有利於消滅封建割據，而且也為埃及向地主土地私有制邁出了重要一步。

　　阿里很重視水利建設。在他統治期間，加固堤壩，疏通舊渠。開挖了二十多條新渠，修建了近三十座水壩，這些水利設施發揮了極大的效益。他還獎勵種植農業作物的新品種。擴大了耕地面積，特別是棉花及其他工業原料的種植，產量迅速增加。

促進埃及近代化發展的代表—1808 年埃及穆罕默德·阿里的改革

　　阿里建立了埃及近代化的第一批機器工業，他實行有限制的開放政策，一方面購買西方機器設備，聘請歐洲技師，引進外國先進技術和少量外資；另一方面模仿進口商品進行製造，以減少進口。1818 年創辦了第一批紡織工廠，到 1829 年已有紡織機床近一千五百台，織布機一千兩百多台。1837 年，埃及有棉織廠、絲織廠、毛織廠和麻織廠近三十家。製糖、榨油、染料等工廠也相繼建立。還興建了硝石、火藥、造船等軍事工業。

　　工農業的發展促進了對外貿易的繁榮，到 1836 年，埃及進出口總額比 1800 年增長了近八倍。阿里對國內外貿易實行壟斷政策，政府指定生產的農產品，全部由政府收購；農民自由種植的產品，扣除農戶的需要以外，餘額也由政府收購。到 1836 年，政府已控制了出口貿易的百分之九十五和進口貿易的四成。歐洲國家在埃及開辦的洋行由 1822 年的十六家增加到 1838 年的四十四家，這類洋行也經營少量進出口貿易。

　　阿里改革的主要目的是為了富國強兵。阿里看到，主要由阿爾巴尼亞人和土耳其人組成的僱傭軍日益腐敗，喪失了戰鬥力，他徵募埃及農民建立新軍，一改數百年來埃及農民不當兵的傳統。1820 年著手創辦一支新式陸軍，並大力發展海軍，建立了地中海艦隊和紅海艦隊。還派人到法國、義

大利學習軍事技術，在國內創辦軍事學校。隨著對外戰爭的不斷擴大，軍隊人數激增，到 1839 年，埃及已擁有陸海軍二十五萬人，戰艦三十二艘。這在當時的中近東地區是最強大的一支武裝力量。

阿里十分重視教育。埃及的教育當時很落後，缺乏世俗教育。為滿足國家建設的需要，培養一批懂得近代科學知識的官吏、軍官、教師，建立了世俗的教育制度，並先後派遣了九批留學生共三百一十九名到歐洲國家留學，接受西方的科學技術和文化知識。1828 年，開辦了印刷所，發行了報紙。他還組織力量編纂辭書、字典，翻譯科技書籍，出版歷史、地理和文學等著作。

穆罕默德·阿里是埃及近代化的開創者。他的改革促進了生產力的巨大發展，客觀上為資本主義的發展創造了條件。培養了一批新型的知識分子，繁榮了阿拉伯文化，鞏固了國家的統一，使埃及事實上已經脫離了鄂圖曼帝國，成為一個強大的國家。阿里的改革是在落後分裂的埃及民族危機日益加深的條件下，地主階級圖強自救的改革。儘管改革並未從根本上消滅封建制度的基礎，但它超出了地主階級政策調整和局部改良的範圍，具有深遠的影響和重大歷史意義。

十九世紀上半期，西方資本主義日漸東來，謀求原料和商品市場，攫取殖民地逐漸成為它們在海外的擴張目標。在

促進埃及近代化發展的代表—1808 年埃及穆罕默德·阿里的改革

當時，英國是向東方侵略擴張的罪魁禍首，它絕不甘心在它
向東方擴展勢力的策略通道上出現一個強大的國家 —— 埃
及。最後，在以英國為首的列強干預下，1840 年，埃及同鄂
圖曼帝國的戰爭遭到了失敗。1841 年，迫使埃及與鄂圖曼帝
國簽訂了屈辱的和約，埃及重新承認其宗主權。英國殖民勢
力隨之大規模地侵入埃及。

印度資產階級運動的啟蒙 ——
十九世紀印度教改革運動

　　從十九世紀五零年代開始，印度出現了近代工業，產生了自己的民族資產階級。但是，由於歐洲列強的侵入已經破壞了印度原有的封建經濟，商品經濟迅速地發展起來，所以，隨著殖民者一同進入的資本主義思想早在十九世紀初葉即已影響了印度的知識界，造就了最早的印度資產階級知識分子。這些人多半集中在有機會接觸西方思想和制度的東印度公司下級官吏和職員，以及富裕家庭出身的青年學生裡面。他們親身體驗到資本主義各種制度的優越性，透過閱讀了解到西方偉大啟蒙思想家們的政治、經濟和哲學理論，最先接受了自由、平等、博愛的觀念，進而不可避免地要用西方的一切來衡量印度的現實。印度的現實和殖民者的壓迫使他們不滿。他們開始思考並致力於印度現狀的改造。這種意識形態的改造首先觸及的便是印度的宗教，尤其是信徒最多的印度教。

　　羅姆·摩罕·羅易（1772-1833 年）是印度最早的資產階級啟蒙思想家和社會活動家。他出生在西孟加拉拉達納加爾地方的一個小地主家庭，早年受過良好教育，精通波斯文、

印度資產階級運動的啟蒙—十九世紀印度教改革運動

阿拉伯文、梵文、巴利文、英文和希臘文。少年時代的羅易即表現出激進的思想，以致不能見容於家庭，被迫出走。三四年間，他漫遊了北印各地和西藏，深入了解了印度的社會狀況和普通人民的生活。從 1804 年到 1814 年，他在東印度公司做了十年稅吏，又有機會目睹殖民機構壓榨印度人民的現實。中年以前的生活使他清醒地認識到印度在政治、經濟、宗教和社會等很多方面都存在著嚴重弊端，需要改革。於是他在 1814 年辭職，次年移居加爾各答，專心從事理論研究和社會活動。

1815 年，羅易組織「友愛協會」，開始宣傳一神思想。理論上，他嚴厲批評當時流行的印度教多神論，反對偶像崇拜，主張「梵」是唯一真神。「梵」沒有形體，人只要憑祈禱和默思就能達到對他的崇敬。實踐上，他堅決反對由婆羅門祭司壟斷的繁縟的祭祀儀式和印度教內長期流行的重婚、多妻、「娑提」（寡婦殉夫）、禁止寡婦再嫁以及種姓歧視等陋規，主張普及婦女教育和全民理性教育，提倡不同種姓間的通婚。他的進步主張儘管反映了印度統一的願望和擺脫中世紀封建束縛的要求，卻不可避免地招致了正統派印度教徒的仇視和攻擊。他堅持抗爭，終於取得了一定程度的成功。1829 年，總督班廷克宣布取消「娑提」制度。為喚起年輕一代的覺悟，羅易在朋友的協助下於 1817 年創辦了印度第一所

現代類型的學校「印度學院」。這所學院在教學上兼用印度
和西方的語言和方法，不但教授人文科學，而且教授自然科
學，成為培養印度近代知識分子的主要搖籃之一。1821 年，
他出版了孟加拉語的第一家印度週刊《明月報》，次年又出
版了波斯語的《鏡報》，把它們辦成宣傳改革思想的陣地。
兩家報紙還透過對國內外時事的報導和評論，開闊普通印度
人的眼界，引導他們思考重大的政治、宗教和社會問題。
1828 年，羅易創立「梵社」。「梵社」著力抨擊印度教的種
種弊端，特別是對婦女的壓迫。在它的努力下，「娑提」、
多妻和童婚等受到抑制，寡婦再嫁也獲得承認。

　　受時代的限制，羅易的改革主張無疑是溫和的，有侷限
性的。但他畢竟是倡導改革的第一人。他曾被比作印度歷史
上一座溝透過去和未來的橋梁，在橋的前後，一面是種姓、
迷信和專制，一面是人性、科學和民主。

　　1833 年，羅易去世，以「梵社」的活動為發端的近代印
度教改革運動一度失去勢頭。十年以後，戴賓德羅納特·泰
戈爾（1817-1905 年）加入「梵社」，使之重新振興起來。他
為社員們制定了禮拜的形式，並委派另一重要成員凱舍夫·
錢德拉·森（1838-1884 年）到各地宣傳「梵社」的主張，使
它的影響迅速擴大。新的領導人更加重視理性，反對偶像崇
拜、朝覲聖地、苦行和獻祭。1860 年以後，「梵社」內部發

生分裂，出現了以錢德拉‧森為代表的青年激進派。他們主張放棄只有「再生者」才能佩戴的「聖線」，鼓吹種姓之間進行通婚，並向千百年來一直由婆羅門祭司壟斷的神人仲介的地位提出挑戰。錢德拉‧森在 1868 年建立了一個新的組織「印度梵社」，要求在印度實行全面的社會變革，主張在宗教方面吸收更多的基督教因素。後來，錢德拉‧森藉口天意，讓自己的女兒十三歲結婚，違背了該社反對童婚的宗旨，致使一批青年憤而出走，另組「大眾梵社」。「梵社」組織儘管一再分裂，但梵社運動透過它的三十七種雜誌和報紙，透過建立學校和其他活動，在宗教、社會和政治改革方面做了大量的開拓性工作。婦女獲得了初步的解放。她們的地位提高了，甚至有了受教育的機會。種姓制度這一存在了兩千多年的頑固堡壘在它的抨擊下也已開始動搖。

1875 年，出身古吉拉特婆羅門家庭的達耶難陀‧薩拉斯瓦蒂（1824-1883 年）建立了另一個印度教改革組織「聖社」。薩拉斯瓦蒂不贊成接受西方思想，主張復興古代雅利安人的信仰。他認為印度教中的迷信和其他弊端來自《往世書》等該教的後期著作，因此他提出口號：「回到吠陀去」。「聖社」的主要活動區域在旁遮普和古吉拉特。它由於強調印度人民所熟悉的吠陀信仰，所以突破知識階層，進一步獲得了廣大群眾的支持，參加者亦有不少是手工業者、商人和

封建主。薩拉斯瓦蒂也反對偶像崇拜、祖先崇拜、動物獻祭，朝覲聖地、寺廟捐贈、童婚、種姓制度和不可接觸制度，提倡婦女解放和婦女教育，重視社會福利。為了從教育入手，啟發民智，「聖社」在各地的分會建立了大批學校，影響十分深遠。在抵制基督教的滲透上，「聖社」做了很多工作。它的活動削弱了流行的所謂西方種族文化優越論的觀點，成功地建立起印度民族的自信心和自豪感，為以後民族解放運動的興起和發展，奠定了愛國主義的思想基礎。

但是，「梵社」和「聖社」等組織雖然積極活動，它們影響的範圍和人數卻始終有限。傳統印度教的勢力依然很大。事實上，只有把新思想和舊傳統結合起來，同時採取群眾樂於接受的形式，才能有效地把印度教改革運動深入廣泛地開展下去。有鑒於此，斯瓦密・維韋卡南達（辨喜，1863-1902 年）於 1897 年在加爾各答建立了羅摩克里希那傳教會。羅摩克里希那（1834-1886 年）是辨喜的老師，是一個身為婆羅門，但廣泛精通印度教、伊斯蘭教和基督教的宗教改革家。他崇信吠檀多思想，但也不排斥其他宗教和哲學的經典。他主張一神論，卻也承認多神論，說正如各不相同的語言用不同的詞語表達同一概念一樣，世界上的人們也用阿拉、訶利、基督、黑天等名字來稱呼同一位最高神。它既是一，又是多；既是可見的，又是不可見的；既是沛乎天地

的宇宙精神，又是賦形各異的具體象徵。他並不排斥偶像崇拜和獻祭等宗教儀式，只不過認為它們在親證一神的各種方式中，還處在比較低級的階段。但低級階段總是要向高級階段發展的，人的精神性也應在這種發展中有所提高。在社會實踐上，他主張無私的博愛，指出愛自己的人類同胞就是愛神，因為神乃是存在於宇宙萬物之中的，尤其是人類之中。辨喜堅持羅摩克里希那的學說，把服務於人類當做印度教信仰的基本精神。羅摩克里希那傳教會不僅出版雜誌和書籍，而且開辦學校、醫院、施藥所和孤兒院。它接受西方科學技術和科學思想，力圖把它們和印度的精神結合起來，以跟上時代的步伐。傳教會在復舊的外衣下繼承了改革的成果，並把改革在廣大的印度教徒中間繼續進行下去。由於辨喜多次到美洲和歐洲說教鼓吹，吠檀多思想也在西方發生了較大的影響。

十九世紀的印度教改革常常帶有資產階級啟蒙運動的性質。改革使得歐洲資產階級自由、平等、博愛的觀念開始在群眾中傳播，促進了人們的思想解放。改革也啟發了印度人員的民族主義覺悟，培養了一批激進的愛國主義者，為民族解放的深入開展創造了條件。

巴西獨立史上光輝的一章 ——
1817 年巴西的伯南布哥大革命

　　1817 年，在巴西伯南布哥省發生了反抗葡萄牙殖民統治、爭取獨立的武裝革命。十九世紀初葉，拉丁美洲獨立運動蓬勃興起，巴西人民的反葡抗爭又起高潮，伯南布哥省人民走在抗爭的前列。伯南布哥位於巴西東北部沿海，首府累西腓，與歐洲有海運航線相通。受法國大革命的影響，累西腓市及鄰區奧林達市較早建立了共濟會組織，如「伊坦貝哲人會」、「奧林達學社」等。這些組織積極傳播歐洲的先進思想，廣泛團結遭受殖民壓迫的商人、教士、工匠、軍人，祕密準備在合適時機掀起反葡暴動。這是伯南布哥大革命的社會基礎。

　　伯南布哥大革命的主要原因是葡萄牙王室遷居巴西后加強了殖民統治，加重了巴西人民的苦難。1807 年，葡萄牙因拒絕參加拿破崙的大陸封鎖體系而遭到法國軍隊入侵。葡國攝政王若昂倉皇帶領王室全體成員和政府各級官員及部分軍隊約一點五萬人，在英國軍艦保護下出走巴西，1808 年一月抵達巴西巴伊亞省，三月到達里約熱內盧，使巴西暫時成為葡萄牙帝國的中心。王室遷巴後，曾根據自己的消費需求，

巴西獨立史上光輝的一章—1817 年巴西的伯南布哥大革命

採取了開放港口、放寬企業自由、改善交通郵政、建立學校與劇院等措施，給殖民地帶來一些變化。但其目的是加強中央集權（如取消最後幾塊封地，改行省制），強化宗主國對殖民地人民的壓迫和剝削。當時里約熱內盧較好一些的房舍全被王室貴族、政府高官霸占，引起巴西人民包括莊園主階級的強烈不滿。舊的什一稅依然實行，又增加新的市政什一稅，還新設企業稅、食鹽稅、海關稅、養路稅等，使巴西人民遭到前所未有的盤剝。而在 1810 年與英國簽訂的《貿易、航海條約》和《友好結盟條約》，為英國商品湧入巴西大開方便之門，使巴西當地工業備受摧殘。大量葡國官員來巴，占據殖民地的高級官位，使遭受排擠的大莊園主們憤憤不平。此外，葡王室還窮兵黷武，於 1809 年和 1816 年分別派兵侵占法屬圭亞那和西屬殖民地「東岸省」（今烏拉圭），龐大的軍費開支更進一步加重了巴西人民的負擔。因此，葡王室的遷入，加深了巴西各階層人民與殖民者的矛盾，這一矛盾到了非解絕不可的地步。

1816 年發生在巴西東北部地區的旱災預示著起義時機的到來。當時伯南布哥及鄰省農村田地荒蕪，餓殍遍野，民眾怨聲載道。累西腓市共濟會領導人、商人多明戈斯·若澤·馬丁斯和民團下級軍官若澤·德巴羅斯·利馬（綽號皇冠獅）等人多次密謀，積極組織反葡武裝起義。

伯南布哥大起義的導火線是殖民當局強行逮捕共濟會成員。1817 年三月六日，已偵悉起義密謀的伯南布哥省省督蒙特內格羅下令逮捕了馬丁斯。但當殖民軍逮捕巴羅斯·利馬時，遭到了這位「皇冠獅」的反抗，葡軍頭目被當場刺死。省督聞訊，又派副官率隊前去鎮壓，強行捕人。被殖民當局激怒的利馬等下級軍官趁機率眾起義，打死省督的副官。共濟會組織立即動員全社會人民支持民團士兵的革命行動。三月七日，混血種工匠、居民、商人、士兵一起湧上街頭，高呼「獨立萬歲」、「自由萬歲」，在共濟會成員領導下進攻省府，嚇得省督慌忙逃進炮台。下級軍官特奧托尼奧帶領八百多人包圍炮台，直至省督從海上逃走，起義者迅速占領累西腓市，打開監獄，占領要塞，控制了首府和全省的局勢。三月八日，起義者宣布成立臨時政府，由代表各階層的五人掌握權力。他們是商人若澤·馬丁斯、軍官特奧托尼奧、教士若昂·裡貝羅、大莊園主馬努埃爾·科雷亞·德阿勞若以及醫生若澤·路易斯·德門東薩。臨時政府成立後，立即採取如下革命措施：召開制憲會議、建立巴西共和政體；取消等級制度，宣布巴西人與葡國人一樣平等，並依照法國大革命的慣例，彼此以「您」相稱；取消苛捐雜稅，提高士兵薪餉；准許企業和貿易自由、發展平民教育，等等。革命軍扣留了殖民者的船隻，修築了海岸工事，準備迎擊殖民軍的反撲。

巴西獨立史上光輝的一章—1817年巴西的伯南布哥大革命

臨時政府還展開外交活動，任命在倫敦編印《巴西郵報》的共和主義者若澤‧達科斯塔為駐英大使，還派出使者到美國、阿根廷尋求援助。為了擴大影響，臨時政府派遣里貝羅等人分赴塞阿臘、帕拉伊巴、馬臘尼昂、阿拉戈斯、北里約格朗德等鄰近省區，宣傳共和、發動民眾。四月四日，塞阿臘省人民起義，宣布共和，接著，其他各省也成立了革命政權。至此，伯南布哥大起義的熊熊烈火，燃遍了巴西東北部城鄉。

伯南布哥的革命風暴，震撼著葡萄牙帝國的殖民統治。臨時政府在致全體巴西人民的宣言中發出的結束宗主國統治、建立自由的巴西共和國的號召，使葡萄牙王室膽顫心驚。葡王若昂六世立即命令駐守巴伊亞省的葡軍頭目組織力量反撲，並派出王室衛隊在內的全部兵力去鎮壓起義。四月二十四日，葡萄牙海軍炮轟累西腓市，同時有八營殖民軍隊從南部向伯南布哥省攻擊前進。五月十五日，共和軍與王室軍在累西腓郊外的伊博榮卡決戰。起義者前赴後繼、奮勇抗擊，雖給予敵軍以重大殺傷，終因軍事力量懸殊而遭失敗，若澤‧馬丁斯等三百餘人被俘。此戰之後，累西腓市遂遭包圍。五月十八日，特奧托尼奧代表臨時政府要求談判被王室拒絕。兩天後，革命軍被迫從累西腓突圍，該城立即被殖民軍占領。後來，革命軍在輾轉作戰途中因彈盡糧絕被王室軍包圍繳械。六月十六日，葡萄牙殖民當局開始了對起義者的

大屠殺。起義領導人,馬丁斯、特奧托尼奧、利馬等人被處決後,劊子手將他們的頭顱割下,分掛在東北部城市裡。在兩千多名被捕民眾中,有幾十人慘遭殺害,其餘大多數人被流放到偏遠海島服終身勞役。伯南布哥大起義終被淹沒在血泊之中。

伯南布哥大起義失敗的主要原因是起義領導人沒有決心解放奴隸。臨時政府在致伯南布哥全省公民的宣言中表示:「政府希望解放奴隸的工作能以正義和合法的方式逐步實現……,不過,政府認為在目前解放是不合時宜的」。巴西東北部是黑奴最集中的地區,伯南布哥起義領導下不敢及時採取廢奴的進步措施,失掉了廣大奴隸的支持,從而妨礙了起義隊伍的擴大。這反映出大莊園主階級對運動的不良影響,他們參加起義的目的是奪回被葡萄牙貴族霸占的權力,但根本不贊成破壞他們賴以生存的基礎——奴隸制度。起義失敗的第二個原因是帶有明顯的地方色彩,這種分立主義的行動很難喚起巴西其他重要省份的支持。其三是軍事力量相差懸殊,葡王室當時控制著全國大部分地區並擁有強大的軍事優勢和物質力量,而起義軍兵力薄弱,又採取單純的陣地戰消耗戰術,自然無法抵禦王室軍大批兵力的進攻。此外,革命政權危急之時,也沒有得到預期的美國和布宜諾斯艾利斯方面的支持。

巴西獨立史上光輝的一章—1817 年巴西的伯南布哥大革命

　　伯南布哥大起義雖遭失敗，卻寫下了巴西獨立史上光輝的一章。它作為殖民地時期最大的武裝起義，沉重地打擊了葡萄牙的殘暴統治。起義過程中，東北部各階層、各種膚色的人民並肩作戰，預示著巴西民族即將作為一個整體走向世界歷史舞台。伯南布哥大起義是巴西獨立的前奏曲和總演習，敲響了葡萄牙在巴西殖民統治的喪鐘。

亞洲民族解放抗爭的序幕——十九世紀印尼爪哇人民的起義

　　爪哇人民大起義是十九世紀初期印度尼西亞爪哇島爆發的由愛國封建主蒂博尼哥羅領導的反對荷蘭殖民統治、爭取民族獨立的解放戰爭。這次戰爭雖然以起義者的失敗而告終，但它沉重打擊了荷蘭的殖民統治，揭開了世紀中葉亞洲民族解放抗爭高漲的序幕。

　　爪哇是「千島之國」印度尼西亞最主要的島嶼，呈狹長形，土地肥沃，物產豐富，除生產稻穀、玉米、橡膠、甘蔗、椰子外，還盛產著名的金雞納霜、咖啡、油棕、可可、各種香料等熱帶作物。十六世紀初，貪婪的西方殖民者接踵而至。1602 年，荷蘭三級會議批准成立「聯合東印度公司」，並授予該公司擁有東起好望角、西至麥哲倫海峽廣大地域內的貿易壟斷權，還準予在該區域內招募軍隊、建築炮台、發行貨幣、任免官吏，以及向外國宣戰和締結條約。從此荷蘭殖民者對東南亞展開了一系列罪惡的武裝侵略和野蠻掠奪活動。由於安汶島和班達島的居民暗中反對東印度公司壓低香料收購價格，將荳蔻等賣給其他國家的商人，荷蘭殖民者把班達島一點五萬居民殺戮殆盡，安汶島居民也從十五

亞洲民族解放抗爭的序幕─十九世紀印尼爪哇人民的起義

萬減至五萬人。1619 年，荷蘭侵占雅加達，並以此作為侵占整個爪哇島和其他島嶼的中心據點。爪哇島上的馬打蘭王國、萬丹王國等土著政權先後淪為荷蘭的殖民地或保護國。荷蘭殖民者還大捕航髒的奴隸貿易，甚至到中國東南沿海劫擄居民為奴。為了適應資本原始積累和商人集團的利益，東印度公司採取壟斷貿易制、強迫供應制、強迫種植制以及奴隸勞役制等超經濟剝削手段，對爪哇人民進行了敲骨吸髓的壓榨。為反抗殖民統治，爪哇人民展開了前赴後繼的英勇抗爭，如 1666-1669 年望加錫人民反荷抗爭、1676-1679 年特魯諾佐約領導的反荷起義、1683-1707 年著名的蘇拉巴蒂反荷大起義、1750-1755 年的萬丹人民起義。1798 年東印度公司解散，印尼由荷蘭政府直接統治。

1806 年，拿破崙占領荷蘭，爪哇成為法國屬地。1811 年英國侵略軍占領爪哇，並於 1816 年將爪哇歸還荷蘭。但這時的爪哇已不是荷蘭一家獨霸的天下，停泊在爪哇各港口的商船中，英、美兩國居多，荷蘭被遠遠甩在後邊。缺乏本國工業基礎的荷蘭無力與工業發達的英美等國競爭，加上剛擺脫拿破崙的控制，國庫空虛，迫切希望從海外殖民地廣進財源。為此，荷蘭殖民者決定以百倍的瘋狂從爪哇這塊失而復得的肥肉上吸吮脂膏。於是，荷蘭殖民當局又重操東印度公司時代的剝削手法，繼續推行竭澤而漁的野蠻掠奪政策。殖

民者巧立各種苛捐雜稅，到處設關立卡。殖民者還嚴格限制
封建王公的權力，並蠶食其領地，禁止封建主把土地租給外
國種植園主，預收的租金也必須退還，這嚴重侵害了封建主
們的利益，引起他們極大的不滿。1825 年七月二十日晚，殖
民當局不顧日惹蘇丹之子蒂博尼哥羅的反對，用大砲把其領
地上的穆斯林墳墓轟平開路。具有反荷思想的蒂博尼哥羅逃
往斯拉朗，在那裡樹起了起義大旗。

　　蒂博尼哥羅及其叔父莽古甫美在斯拉朗成立起義總指揮
部，號召人民進行一場「反對一切歐洲人」的聖戰。不滿殖
民政策的七十七名封建王公貴族也攜家帶眾加入起義軍。伊
斯蘭教學者奇阿依・摩佐帶著一大群伊斯蘭教學生投奔起義
軍。起義軍很快發展到六萬多人。

　　蒂博尼哥羅領導的爪哇人民大起義分三個階段。起義軍
採用游擊戰術，多次擊敗殖民軍，並於 1825 年十月成立爪
哇伊斯蘭教王國。蒂博尼哥羅為蘇丹，他的叔父莽古甫美為
最高顧問，奇阿依・摩佐為宗教顧問，雅貝依親王為統帥。
起義的高潮到來了。1826 年四月，起義軍開闢了東北、南
部和中部三個戰場，並取得赫赫戰果，有效控制了明諾列和
婆羅浮屠，直到勃羅科河之間的地區，切斷了孤守明諾列的
荷軍與馬吉冷荷軍的連繫。1826 年六月，起義軍為堅守勃列
列，與具有強大火力的敵人展開了激烈戰鬥，最後全部壯烈

犧牲。七月，起義軍德克梭大本營在敵人猛攻之下失守。此後，為避免同敵人主力決戰，起義軍多次轉移，但一有機會就會反退為攻。七月三十日，蒂博尼哥羅消滅了從巴拉斯開往登柏爾的荷蘭軍隊，八月二日又在日惹地區全殲了梭羅王的土著附庸軍隊。八月，他又利用圍城打援的戰術發動了德朗古和格基宛兩個戰役，不僅喚起了梭羅東部地區的反荷起義，而且占領了德朗古地區，使日惹首府成為一座孤城。至此，起義軍幾乎解放了整個日惹和梭羅以西地區，起義發展到了頂峰。

1826 年九月底，年輕的義軍指揮官申托特率部隊在卡窩克西部地區擊敗了荷軍和附庸軍的進攻。十月十五日，在宗教顧問摩佐的勸阻下，起義軍在卡窩克同荷軍展開了一次大規模的陣地戰，雖然起義軍將士浴血奮戰，但無法抵抗敵軍猛烈的炮火。起義軍主力傷亡慘重，蒂博尼哥羅也受傷，被迫撤退。卡窩克一戰是起義軍攻勢的失利，代表著起義高潮已經過去，戰爭進入相持階段。

這一階段，起義軍仍然堅持游擊戰，在 1826 年十二月的葛都戰役中打得殖民軍七零八落。在西部戰場，戰鬥也十分激烈。但是，有兩個因素使起義軍處於越來越被動和不利的局面。卡窩克戰役的失利，使一些王族首領意氣消沉，在荷蘭殖民者拉攏勸降的攻勢下，紛紛叛變。掌握葛都戰區指揮

權的王族三兄弟首先叛變投敵，緊接著東部戰場的兩名起義軍將領也率部投降。與此同時，荷蘭殖民軍頭子科克透過兩年的較量找到了對付游擊戰的有效辦法，即堡壘戰術。隨著一批批裝備精良的援軍源源而來，科克於 1827 年七月開始實施圍剿起義軍的新策略，妄圖把起義軍封鎖在勃羅科河以西和波科宛多河以東的狹長地帶並加以殲滅。

在同起義軍進行兩次停戰談判失敗後，荷軍加強攻勢，劃分三個戰區，大力推行堡壘作戰辦法。荷軍在游擊區各要道先後修築了兩百多個堡壘，並派出十四支騎兵隊來回巡邏。蒂博尼哥羅在卡窩克戰役失利後重新組織起義軍隊伍，把隊伍分成若干支，每支都有自己的名稱、旗幟，成為相持階段堅持游擊區武裝抗爭的中堅力量。在敵人強大攻勢面前，起義軍多次重創荷軍，跳出圍追堵截的封鎖網，突破敵人的防線，取得無數次勝利。1828 年十二月，申托特率領起義軍猛烈襲擊了駐守囊固朗堡壘的荷軍，擊斃了荷軍將領范·印恩和土著附庸軍指揮官勃朗維達納。這是起義軍在艱難歲月裡取得的名震遐邇的大勝仗。申托特在戰役中展示出非凡的軍事才幹，蒂博尼哥羅遂任命他為起義軍總司令。

1828 年底，就在申托特獲勝的同時，起義軍的高級領導、宗教顧問摩佐叛變投敵，這一事件代表著起義軍走向低谷。在摩佐的帶動和荷蘭殖民軍的誘降攻勢下，起義軍的許

亞洲民族解放抗爭的序幕—十九世紀印尼爪哇人民的起義

多高級將領接二連三地向荷軍投降。1829 年九月，已是古稀之年、身為起義軍最高顧問的莽古甫美投向敵人懷抱。十月二十四日，連在戰場上威震敵膽的申托特也變節投敵。掌握後期起義軍最高作戰指揮權的申托特的投降，使起義軍遭受了滅頂之災。此後，雖然蒂博尼哥羅仍機智英勇地同敵人周旋，但起義軍面臨的困難形勢日益嚴重。起義軍最堅定的將領雅貝依在殘酷的圍剿中戰死沙場，被荷軍五馬分屍，起義軍其他首領有的壯烈犧牲，有的落入敵人的魔掌，有的投敵叛變，蒂博尼哥羅身邊的義軍將領越來越少，起義軍的力量一天天被削弱。

1830 年二月，蒂博尼哥羅也產生了與敵人談判的幻想。從二月十六日到三月二十八日，他一步步走入敵人的圈套。當他在談判桌上提出建立獨立國家的要求時，立即被逮捕。五月三日，他同家人一起被流放到蘇拉威西島。轟轟烈烈的爪哇人民大起義以失敗而告終。

爪哇人民大起義在初期之所以能取得輝煌戰果，主要原因是人民群眾包括華僑的大力支持和土著附庸軍隊的消極厭戰。同時，起義軍採取靈活機動的策略戰術，也是重要原因。當起義烈火迅猛燃燒時，蒂博尼哥羅就清醒地認識到，他面對的敵人是一支訓練有素、裝備精良的殖民軍，它還有一批作戰經驗豐富的指揮官。起義軍人多勢眾，有滿腔的怒

火和勇往直前的精神，這是能壓倒敵人的重要因素，但起義軍沒有經過任何軍事訓練，武器主要是木棒、竹矛、刀劍等冷兵器，缺乏大砲等重型武器和槍支彈藥，因此無法與敵人展開大規模的正面作戰（包括陣地戰、攻堅戰）。蒂博尼哥羅確立了游擊戰的軍事路線，採用聲東擊西的戰術，或利用有利地形打伏擊戰，或打夜襲戰，或拖垮敵軍然後突然包抄猛擊。這種神出鬼沒的游擊戰使荷軍疲於奔命，士氣消沉，敵軍由於疲勞過度死亡的竟比戰死的還多。

但是這種策略戰術要求起義軍逐步向正規軍過渡，不斷建立根據地，從人民群眾中補充兵源和給養。一旦變成純粹的消耗戰，不能向新的軍事水準發展，起義軍的戰果就無法鞏固和擴大，革命力量也會因敵人的軍事和心理攻勢而不斷遭到削弱。蒂博尼哥羅恰好走上了這一由轟轟烈烈到被動失敗的道路。

爪哇人民大起義之所以由強轉弱、最終失敗，除了上述游擊戰的策略戰術存在根本缺陷外，還有以下幾個方面的重要原因：

■ 兵力對比上敵我懸殊。荷軍除調遣大批武器精良、訓練有素的援軍（最多時達二點一萬人）外，還在游擊區修築了數百個堡壘，將起義軍的活動區分割、封鎖。

■ 起義領袖蒂博尼哥羅是一個伊斯蘭教徒，他把起義納入

排斥異教徒的「聖戰」範圍內，限制了不同信仰的居民一起參加反對殖民主義的抗爭，甚至被殖民者所利用。

■ 蒂博尼哥羅雖然愛國反荷，但他囿於封建主階級本質的束縛，沒有在進行武裝抗爭的同時進行政治和經濟革命，廣大群眾的利益和要求沒有得到滿足，因而無法把民族解放戰爭從一個勝利推向另一個勝利，只能是曇花一現。

■ 起義缺乏強有力的統一領導，許多地區的起義是自發的，他們各自為戰，無法形成拳頭，易被分割和各個擊破。起義軍雖以游擊戰為主，但卻沒有建立鞏固的革命根據地。一旦革命高潮過去，失去戰爭主動權，起義軍就被迫四處逃散。

■ 封建王公貴族紛紛投降叛變，加速了起義失敗。

雖然爪哇人民大起義失敗了，但它消滅荷軍一點五萬多人，使敵人耗資兩千萬盾，燒毀了無數種植園，懲辦了許多殖民官吏，強烈地震撼了荷蘭殖民者的統治，為亞洲人民的民族解放抗爭樹立了榜樣。

促進資本主義進一步發展——
十九世紀法國的七月革命

　　這是法國發生的又一場轟轟烈烈的資產階級革命。有人描述過：人民群眾在這次革命中表現出如此勇敢、忠誠、寬厚、慷慨……許多窮人幾乎沒有衣服，汗流浹背，灰垢滿身，缺少飲水而口乾舌燥，饑餓使他們精疲力盡，他們拒絕給他們的錢，只接受一點浸酒的麵包和水，休息片刻後，補充好彈藥又去參加戰鬥。那些中立的旁觀者向他們通報危險，毫不猶豫地救護傷員……普希金、萊蒙托夫和別林斯基都曾讚揚法國人民的這場偉大抗爭。

　　革命在 1830 年七月二十七日至二十九日三天內進行，也稱為「光榮的三天」。

　　1829 年九月，查理十世任命忠於波旁復辟王朝的波黎尼亞克親王組閣。波黎尼亞克是逃亡貴族，其父母與波旁王朝有密切的關係。其他內閣大臣也都是極端派王黨分子。資產階級和人民群眾仇恨這些封建專制制度的殘餘，對查理十世的倒行逆施進行政治抗爭和輿論抨擊。

　　1830 年七月二十五日，查理十世簽署了四項敕命，上面規定取締報紙、期刊等出版自由。凡在上百頁的印刷品，

促進資本主義進一步發展─十九世紀法國的七月革命

都須得到國王或各省省長頒發的許可證方能發行，印刷設備要受到監督保管。敕令還規定了新的選舉辦法。這些關於取締報刊自由發行，實行嚴格審查制度的規定，扼住了資產階級自由派的輿論喉舌，危害了發行業工廠主和工人的利益，剝奪了商業資產階級的選舉權。四項敕令立即引起了資產階級、學生、工人群眾的強烈不滿，成了七月革命的導火線。

七月二十六日，工人、小手工業者、學生在巴黎的許多地方舉行集會，與軍警發生小規模衝突。

資產階級也行動了起來，很快形成了兩個政治集會的中心。一個在大銀行家拉菲特和卡茲米爾‧貝里葉家中，一個在資產階級著名報紙──《國民報》編輯部。他們最後聯合起來，一致推選《國民報》主編梯也爾起草針對波黎尼亞克內閣的抗議書。

七月二十七日上午，王家軍隊司令馬爾蒙元帥遵照查理十世的旨意，命令軍警封閉了進步報刊《國民報》、《時代報》。一些印刷工廠、店鋪被迫關閉。許多被解僱的工人首先走上街頭示威抗議，學生也加入了他們的行列。他們高呼口號：「打倒敕令！憲章萬歲！」「打倒大臣！」下午，軍警前去驅散在巴黎歌劇院附近集會的人群，人民群眾則以石頭相迎。在與軍警的衝突中，一名群眾被打死，三人受傷。頃刻間，四面響起了「復仇！」「拿起武器！」的口號。人民

群眾的集會示威逐漸變為武裝起義。

隨後，巴黎許多地區也發生了起義，憤怒的群眾打死了一名軍警。

起義越來越激烈，巴黎也越來越混亂，又有群眾在衝突中喪生。人民更加憤怒了。

七月二十八日清晨，巴黎人民開始毀街道，築街壘。他們將各處波旁王朝復辟的標記一律砸爛，插上激奮人心的法國大革命的三色旗，準備戰鬥。軍火商人慷慨提供武器，退役軍人也參加了行動。人民向前來鎮壓的軍隊投擲石塊，士兵多有死傷。

面對這種形勢，查理十世的將軍們也終於認識到：「這不再是騷亂了，而是革命！」他們請求國王採取和平措施，阻止事態的繼續蔓延。

然而，查理十世在波黎尼亞克內閣的慫恿下發布了《巴黎處於戒嚴狀態》的命令，以武力鎮壓人民起義，企圖以軍事勝利保證政治上的勝利。可是巴黎人民反抗的烈火是撲不滅的。在人民群眾的英勇抵抗下，軍隊受到了阻擊，為他們的行動付出了慘重的代價。

武裝起義者占領了市政廳，繼續構築和加固街壘。八萬多起義人民對國民自衛軍的全面進攻很快打響了。他們不顧國王軍隊的瘋狂射擊，向國民自衛軍主力駐守的羅浮宮和杜

促進資本主義進一步發展—十九世紀法國的七月革命

樂麗宮頑強靠近。他們的英勇行動不斷取得勝利，也震懾了敵膽。無法鎮靜迎擊的軍隊士兵有的接受勸降，有的逃出軍隊。沙里將軍更是不知所措，他聽錯了命令，本來國王命他集中兵力頑抗，他卻把士兵撤到羅浮宮的院裡集合。於是，國民自衛軍如大堤崩潰，起義者頃刻間湧進羅浮宮，士兵們逃往臨近的杜伊勒裡宮。軍隊的抵抗已無濟於事，他們遭到了徹底的失敗。

七月二十九日下午，在人民起義勝利的形勢下，資產階級議員們採取了篡奪革命果實的行動。三十個議員在拉菲特家開會，決定成立臨時政府，行使政權。

在起義由開始到勝利結束的過程中，查理十世的態度也在發生著轉變。七月二十六日起義開始時，查理十世非常傲慢，這天，他很早就出去狩獵，晚間才回宮。他的將軍兩次向他遞送戰報，警告其王位已受威脅，人民無法阻擋，請求議和。而查理十世的回答卻是宣布巴黎戒嚴，斥責將軍失職。當人民代表前來議和時，查理十世認為代表們是來乞求和平，則繼續以武力相要挾，他還說：「發布戒嚴令是憲章賦予國王的職責。」當得知一部分國民自衛軍由於同情人民與人民聯歡時，他叫嚷，如果這樣，「就向軍隊開槍」。

七月二十九日，國民自衛軍潰敗、倒戈的消息傳來，查理十世呆若木雞。他不停地重複唸著在法國大革命中被人民

推上斷頭台的路易十六的名字。稍稍鎮定後，他召集內閣開會商量對策，以圖頑抗。為了保住王位，他決定撤消正在指揮軍隊作戰的將軍的職位，解散本與他沆瀣一氣的內閣，但用這些做法來緩和人民的憤怒情緒已經不可能了。當查理十世的代表宣布國王決定時，革命的資產階級議員的回答是：「革命已經開始，必須使它完成，必須以一個更為自由的王朝取代一個過時的、不可救藥的王朝。查理十世不能再回到巴黎人民血染的巴黎。」

七月三十日，梯也爾、米涅及一些報刊撰稿人起草聲明，擁護奧爾良公爵執政。七月三十一日，眾議院開會歡迎奧爾良公爵。八月一日，查理十世迫不得已任命奧爾良公爵為攝政王。八月二日，查理十世退位，逃往英國。八月九日，奧爾良公爵路易 —— 菲力浦正式登上王位，從此開始了七月王朝統治時期。

七月革命是一場資產階級的革命。這場革命粉碎了在法國實行封建專制統治的夢想，沉重地打擊了「神聖同盟」的反動體系，對歐洲其他國家的民主改革和民族解放運動都造成了推動作用。

政治與經濟體制並行改革的範例——
英國 1832 年的國會改革

　　十九世紀的最後四十年，英國正進行著資產階級社會的巨大發展和改造。在工業革命中誕生的工業資產階級隨著經濟實力的增長，要求把書本上的放任主義付諸於實踐。1783年底，小皮特上台執政時，正是資產階級經濟理論飛躍發展的時期。皮特是深受亞當‧史密斯《國富論》影響、堅信自由貿易的英國第一位政治家。他所推行的降低關稅、與他國締結商約、增加國家貿易額等自由貿易政策贏得了工業界的支持。拿破崙戰爭結束後，農產品價格下降，政府推行有利於土地貴族的政策。1815 年頒布的《穀物法》嚴重損害了工業家的利益。以坎寧、赫斯基森為代表的托利黨革新派主張對資產階級做出讓步，提出按比例降低小麥價格的主張，遭到威靈頓等保守派的激烈反對。結果是坎寧過早去世、赫斯基森及其追隨者被趕出了政府；皮特所開創的經濟改革被傳統的政治勢力扼殺了。事實證明，政治體制改革已經成為英國經濟改革繼續深入進行的必要條件。強大起來的工業資產階級進而要求與自己經濟實力相適應的政治統治權。

　　二零年代前後，一度沉寂的激進派運動重新活躍。科貝

特的《政治紀事報》把工人群眾從盧德運動引向議會改革的抗爭。漢普頓俱樂部成為工人討論議會改革的場所。在工人運動的推動下，1830 年一月二十五日成立的銀行家托馬斯·阿特伍德所領導的「伯明翰政治同盟」把爭取議會改革作為自己活動的主要目標。

　　1830 年十月，托利黨內閣垮台，輝格黨領袖格雷組閣。格雷在下院改革派的支持下，組織起一個「和平、減政和改革」的新內閣。內閣的閣員主要是溫和的輝格黨人和托利黨革新派，包括大法官布勞漢勛爵、財政大臣奧爾索普子爵、陸軍財務主任羅素勛爵和掌璽大臣達勒姆勛爵。格雷內閣在改革問題上並不想走得太遠，其主要目的是借助改革適當滿足資產階級的要求，以擴大輝格黨的社會基礎，削弱托利黨保守派的政治勢力。改革招致以威靈頓為代表的托利黨保守派的強烈反對，威靈頓是對拿破崙戰爭中的重要將領，土地貴族利益的忠實維護者。改革法案幾度提出，幾經否決。最初提交給下院討論時，只獲得 1 票的多數。政府遂解散議會重新大選。結果改革派在下院占多數。第二次改革法案在下院順利透過，但是上院以四十一票的多數否決。消息傳出群情激憤。資產階級提出「和平、體面和有效」的抗爭方式，向政府遞交請願書、抗議書。工人掀起了大規模的示威和暴動。伯明翰土人參加者有十萬之眾。布里斯托爾的工人群眾

政治與經濟體制並行改革的範例—英國 1832 年的國會改革

搗毀了市政廳、議會、監獄、稅所等要害機構。倫敦的示威群眾頭纏白色圍巾以象徵男子的普選權。內閣於 1831 年十二月提出了第三個法案，又遭上院否決。格雷於 1832 年五月八日提出辭職。國王擬請威靈頓組閣，招致全國的反抗浪潮，形成了「五月危機」。十四日，曼徹斯特產業工人和工廠主在彼得廣場召開十萬人大會，表示在爭取改革的抗爭中要相互支持。同一天，下院透過了不接受託利黨內閣提出的任何方案的決議，從而扼殺了由托利黨解決危機的可能性。為了阻止威靈頓的上台，資產階級還提出了「取黃金，阻公爵」的號召，用向英格蘭銀行擠兌黃金的辦法，使經濟陷於癱瘓。在內外夾攻下，國王被迫召回格雷，並保證必要時增封上院的貴族。法案終於在 1832 年六月四日在上院以一百零六票對二十二票的壓倒多數所透過。七日由國王批准生效。

改摹法的正式名稱是《英格蘭和威爾斯人民代表修正案》。全文共八十二條，十二張附表。

法案的主要內容之一是調整選區和重新分配議席。這是英國議會選舉制度中腐敗現象最嚴重和亟待解決的一個問題。改革法取消了五十六個人口不滿兩千人的「衰敗選區」及其選派的一百一十一名議員名額；人口在二千到四千之間的三十個選區，各減少一個議員名額；另有韋·麥爾和麥考比·勒吉斯聯合選區的議員名額由四名減至兩名。空出來的

一百四十三個席位，分配給人口增多而又無議會代表權的大中工業城市和議席不足的郡。曼徹斯特、伯明翰等二十二個新興工業城市第一次取得了向議會各選派兩名代表的權利，另有二十一個城市各分得一個議員名額。六十五個議席增補給郡選區，尤其是北部的一些郡選區。這既適應西北和北部經濟發展的需要，加強了這一地區的政治勢力，也是對托利黨的妥協。另外的十三個議席空額分給蘇格蘭八名、愛爾蘭五名。改革後的下院仍是六百五十八個議席，其中：英格蘭和威爾斯占死百九十九席，蘇格蘭五十四席，愛爾蘭一百零五席。

改革法的另一個重要內容，就是關於選民財產資格的確定。新選舉法規定：在城市選區，除有條件地保留某些古老選舉權利外，凡「在其居住地……擁有或租有任何住宅、倉庫、帳房、商店或其他房屋……年值在十鎊以上」的均擁有選民資格。在郡選區，凡「執有任何公簿而獲得土地或產業之產權，或依除自由產權外之任何其他租佃方式而獲得，……其淨值年不少於十鎊的」；凡「任何土地或產業……之租賃人或代理人，其原定租期在六十年以上……其淨收入……年在五十鎊以上的」；凡「任何土地或租地之佃戶，確實按時交租，年在五十鎊以上的」均擁有選民資格。改革後整個聯合王國的選民由原來的十七萬八千人增加到八十一萬多人。

政治與經濟體制並行改革的範例─英國 1832 年的國會改革

　　這次改革就其具體成果而言雖然是極為有限的。但是由於調整了選區，制定了以財產為基礎的選舉權資格，從而向新興的工業資產階級打開了通往政權的大門。被貴族寡頭勢力壟斷了幾百年的政治堡壘被打開了一個缺口，它成為工業資產階級與貴族寡頭勢力進行抗爭的新起點。

改革與保守勢力的抗爭 ——
十九世紀中葉英國第二次、第三次國會改革

　　十九世紀中葉，英國資本主義經濟獲得巨大發展。1850年棉紡織業所消耗的棉花占世界棉花使用量一半以上；1865年鋼產量為二十二萬餘公噸；1854-1871年生鐵產量增加了20餘倍。鋼、鐵產量均超過美、德、法的總和。煤的採掘、機器製造和造船業也都有很大的發展。採用先進技術的大農場在農業部門也已占據優勢。1846年廢除了「穀物法」；1849年廢除了實行了三百年的「航海法」；1860年格拉斯頓在預算案中正式寫入「自由貿易」的字樣。1851年在倫敦舉行的博覽會，代表著英國「世界工廠」地位的確立。英國的資本主義已經達到了鼎盛時期。但是1832年改革只是部分地滿足了工業資產階級的要求，貴族勢力在國會中仍然居於優勢，歷屆內閣首相和閣員大臣絕大部分仍是貴族。這一時期工業資產階級和土地貴族之間的較量突出地表現是：內閣更換頻繁，各政黨內部分化以及政局的動盪不安。輝格黨和托利黨為了適應變化的形勢都進行了改造和革新，先後轉化為自由黨和保守黨。近代資產階級兩大政黨逐漸形成。

　　1852到1860年，爭取國會改革和抗爭主要在國會內進

改革與保守勢力的抗爭——十九世紀中葉英國第二次、第三次國會改革

行，先後出現過四個國會改革的法案，均遭到保守勢力的否決。十九世紀六零年代前後，英國工人階級從憲章運動的教訓中重新振作起來，提出了以爭取普選權為抗爭的中心任務，在抗爭中與資產階級激進派結成聯盟。1865 年五月十三日工人和激進派在倫敦聖馬丁堂舉行了全國改革同盟成立大會。從此，同盟成為爭取第二次議會改革群眾運動的政治中心，並在各大城市設立了分支機構，開展了廣泛的宣傳運動。1866 年七月二十四日，在海德公園舉行了約二十萬人參加的群眾大會；九月二十四日，在曼徹斯特有十萬人參加示威遊行；十月十六日在格拉斯哥舉行了十五萬人的集會和示威遊行；1867 年四月二十二日在伯明翰舉行了十五萬人參加的集會。在大規模的群眾運動面前，兩黨都在搶奪改革的旗幟。1866 年三月羅素和格拉斯頓提出了一個新的改革方案，被迪斯累利勾結自由黨內的反對派所否決。在擊敗對手之後，1867 年三月十八日迪斯累利提出了議會改革方案，經過修改在七月十五日最後透過，八月十五日經維多利亞女王批准，成為法律。

1867 年國會改革法案的正式名稱為《1867 年人民代表制度法》。共六十一款。主要內容是：在城市選區，凡有能力繳付濟貧稅的房產主和居住一年以上能支付不少於十英鎊房租的房客，都享有選舉權；在郡選區，凡具有不少於五英

鎊收入的農民和有能力每年支付不少於十二英鎊租金的租佃人，都具有選舉權。在選區的調整方面：取消了「衰敗選區」占有的五十三個議席。將其中二十五個席位分配給郡選區；十八個席位給新興城鎮，曼徹斯特、利物浦、伯明翰和里茲各增加一個席位；一個席位給倫敦大學。這次改革由於降低了選民資格，使英格蘭和威爾斯的選民增加了九十三點八萬，幾乎達到了原有選民的一倍。接著，蘇格蘭和愛爾蘭也進行了相應地改革，使選民總數達到兩百四十萬人，占全國總人口的十分之一還多。

1867 年的國會改革給英國的議會政治帶來深遠的影響。由於選民比例的變化，工業資產階級在議會中的勢力終於占據了主導地位，1688 年建立起來的、在 1832 年又作了某些調整的貴族寡頭政治，最終不得不讓位於資產階級議會民主制；選民的擴大，為政黨政治的發展開闊了廣闊的天地；選民條件的降低，雖然工人中的上層暫時被籠絡，但是也為工人政黨的產生創造了條件。

十九世紀八零年代，英國又進行了幾項國會改革：

1883 年，國會頒布了《取締選舉舞弊法》。第一次以法律形式對選舉費用規定了一個界限，有報酬的選舉工作者的數目受到嚴格限制。並規定對選舉中的舞弊現象處以刑罰。

1884 年，國會透過改革法案，實行城市和鄉村一致的

選舉權。法案規定，凡占有每年收入不少於十鎊田宅者，以及任何房主或寄宿人在投票登記前一年住進他的房屋或公寓時，都有選舉權。1884 年的改革只不過把 1867 年改革法案中規定的市民選舉資格推廣到農村，使農村選民人數由兩百五十萬擴大到四百五十萬人。

最重要的是，1885 年議會頒布的《席位重新分配法》，嚴格按照各區人口的多寡來分配議席，使工業中心和人口繁盛地區的代表在議會中占到了重要地位。法案規定，在一萬五千人以下的選區，被取消了選舉權，成為其所在郡的一部分；一萬五千 —— 五萬人口的選區，則保留一個議席；五萬 —— 十六萬五千人口的選區，有兩個議席；十六萬五千人口以上者，有三個議席；以後每增加五萬人口，可增加一個議席。議席總數由利百五十八人增到六百七十人，其中英格蘭和威爾斯四百九十五名，蘇格蘭七十二名，愛爾蘭一百零三名。至此，基本上奠定了今日英國選舉制度的基礎。

反專制暴政，反民族壓迫——
席捲歐洲的 1848 年革命

1848 年，革命浪潮席捲歐洲大地，從巴勒摩到巴黎，從柏林到維也納，從布拉格到布達布達佩斯，都爆發了革命。

1848 年歐洲革命是工業革命在歐洲勝利發展的情況下產生的。反對封建專制，實現民主、民族革命是主要任務，但不同國家和地區具體任務是不同的。在德意志和義大利，主要任務是實現國家統一；而多民族的奧地利帝國統治下的各被壓迫民族，則是實現民族獨立。與早期資產階級革命不同的是，這時無產階級已經形成並走向政治舞台，資產階級在同封建勢力作抗爭時，又和無產階級進行抗爭，這就決定了他們反封建的軟弱性和妥協性。因此 1848 年革命在許多地方以失敗告終。但革命對歐洲反動勢力進行了一次聲勢浩大的有力的衝擊和打擊。革命失敗後，許多革命志士逃亡美國，給美國的社會改革和政治生活增加了強勁活力。

1848 年歐洲革命最初是從義大利西西里島的巴勒摩開始的（一月十二日），巴勒摩起義帶動了整個義大利。當時義大利分裂為八個封建專制小王國，他們都直接或間接地受奧地利控制。義大利革命的任務是推翻外族壓迫實現民族獨

反專制暴政，反民族壓迫─席捲歐洲的 1848 年革命

立，消滅各邦封建專制統治，完成國家統一。1809 年建立的祕密團體「燒炭黨」；1831 年馬志尼（1805-1872 年）建立的「青年義大利黨」，都曾為完成這一革命而抗爭。巴勒摩起義開始後，教皇領地、托斯卡納和撒丁王國一個接一個地捲入了革命運動。撒丁國王和托斯卡納大公還被迫宣布實行憲法。巴勒摩起義是義大利資產階級革命的開始，同時也是歐洲 1848 年革命的序曲，1848 年義大利革命被封建君主勾結法國和奧地利的軍隊聯合鎮壓下去了。義大利統一直到 1871 年才實現。

1848 年二月，法國巴黎爆發了革命。從 1830 年起，統治法國的是「七月王朝」。七月王朝是金融貴族的王朝，大資產階級掌握政權。工業資產階級、小資產階級及廣大工人、農民不滿七月王朝的反動統治是革命爆發的根本原因。革命的任務是推翻金融貴族的統治，建立共和國，實現資產階級民主，使政權適應資本主義的進一步發展。

1848 年二月二十二日，巴黎人民舉行示威遊行，遭軍警鎮壓。各街區工人及勞動群眾迅速築起街壘，發動了起義。國王路易‧菲力浦匆忙逃往英國，七月王朝被推翻。二十四日晚，資產階級臨時政府宣告成立，由十一人組成。其中五人為資產階級共和派，兩人為原王朝反對派，兩人為小資產階級民主派，兩人為工人代表，重要職位都由資產階級

掌握。在武裝起來的工人及勞動群眾要求下，臨時政府於二十五日宣布了普選制和建立共和國，這就是法蘭西第二共和國。廣大工人將它理解為「社會共和國」，即能解除資本壓迫的共和國。這樣不同的理解便產生了分歧。1848 年六月二十三日，巴黎工人舉行起義被鎮壓。一萬多起義者被屠殺，二點五萬人被捕，其中大部分被流放海外。鎮壓巴黎工人起義有功的將軍卡芬雅克被制憲會議（五月成立）選為國家元首。1848 年十一月四日制憲會議透過了一部憲法，確認了普選制，接著進行總統選舉。十二月十日，路易·波拿巴當選為總統。路易·波拿巴（1808-1873 年）是拿破崙一世的姪兒，他才能平庸，野心很大，他想學習他伯父在法國建立一個新的帝國，因此曾兩次試圖奪取法國政權失敗（1836 年和 1840 年）。這次競選中，他向各個階層許下許多諾言，並打扮成他伯父拿破崙一世的繼承人。這次當選，還特別得到了農民的支持，農民希望波拿巴上台能保護他們的小塊土地所有制。波拿巴就任總統後，便著手恢復帝制。他逐一打敗政敵，大權獨攬。1851 年十二月一日夜，他調集軍隊，逮捕議員，解散國民議會，這就是路易·波拿巴的「霧月十八日」政變。1852 年一月十四日，他把總統任期延為十年。十二月二日宣布法國為帝國，路易·波拿巴即皇帝位，稱拿破崙三世。這便是法國歷史上的第二帝國。

反專制暴政，反民族壓迫—席捲歐洲的 1848 年革命

1848 年德國革命是從與法國靠近的南德各邦開始的。受法國二月革命影響，巴登、巴伐利亞等邦人民於三月初先後開始革命。德國革命中心是普魯士首都柏林。三月十三日柏林群眾舉行聲勢浩大的示威遊行，十六日和軍警發生流血衝突，一百五十多名群眾被打死打傷。三月十八日，群眾隊伍包圍王宮。國王威廉四世下令鎮壓，群眾築起街壘，雙方發生了激戰。國王被迫下令把軍隊撤出柏林，並召開國民會議制定憲法，改組政府。三月二十九日任命萊茵區大工廠主康普豪森和大資本家漢塞曼組閣，五月二十二日召開國民會議。資產階級靠工人起義取得了政權。但是他們在竊取政權後做了一系列蠢事，導致最後垮台。他們害怕工人抗爭的發展，保留舊國家機構，調回軍隊，不支持農民的反封建抗爭等，國王卻在背地裡積蓄力量。十月，重新指定新內閣，十一月十六日調軍隊強制解散了國民會議。

三月革命開始後不久，全德各地都要求召開全德國會，領導德國統一運動。1848 年五月十八日全德國會在法蘭克福開幕。在五百七十三名議員中，絕大多數是擁護君主立憲制的資產階級自由派和貴族的代表。在統一德國問題上，他們分為兩派，即「大德意志派」和「小德意志派」。前者主張建立一個包括奧地利並由它領導的統一的德意志帝國；後者主張排除奧地利，由普魯士領導統一德國。1849 年三月

二十八日，法蘭克福議會通過了《德意志帝國憲法》。這部憲法雖有很大妥協性，確定德意志為聯邦帝國，保留各邦君主的統治地位，中央只設一個皇帝和一個帝國議會。但它宣布一切人在法律面前平等，保障言論、集會、結社自由，在當時是有進步意義的。但是這部憲法遭到各邦君主拒絕。法蘭克福議會推選普魯士國王為帝國皇帝，並派代表把皇冠送去，普王卻以嘲笑的態度拒絕接受，他說：「這不是皇冠，而是奴隸所戴的鐵項圈，一戴上它，國王就會變成革命的農奴。」各邦君主拒絕憲法，激起人民憤慨，各地發動武裝起義，保衛帝國憲法。馬克思和恩格斯積極支持起義，恩格斯還親自參加了埃北菲爾武裝起義的戰鬥。德意志各邦君主連忙調軍隊鎮壓，到 1849 年六月，維護帝國憲法運動失敗。1848-1849 年德意志革命結束。

哈布斯堡王朝統治下的奧地利帝國，十九世紀中葉仍是一個龐大的、多民族的封建專制國家。除奧地利本土以外，它還統治著捷克人、匈牙利人、羅馬尼亞人、義大利人、波蘭人等，奧地利革命的主要任務是推翻封建君主制和解放哈布斯堡王朝統治下的各被壓迫民族。

巴黎二月革命和柏林三月革命的消息很快傳到奧地利，三月十三日，首都維也納群眾舉行示威，並很快發展為起義。首相梅特涅被迫辭職，化裝逃亡英國。皇帝被迫改組內

反專制暴政，反民族壓迫—席捲歐洲的 1848 年革命

閣，同意成立國民自衛軍。四月二十五日頒布了「欽定憲法」，確定立法機關為兩院制，皇帝對立法有否決權。維也納革命群眾為反對政府派軍鎮壓匈牙利革命，十月六日發動起義，攻下了武器庫，十萬群眾武裝了起來。皇帝逃出首都，政權轉到市議會手中。但市議會領導沒有採取積極措施去鞏固勝利，逃出首都的皇帝卻調集了七萬大軍包圍並炮擊維也納城，十一月一日維也納陷落，起義被鎮壓。1849 年三月四日，制憲國民會議被解散，恢復了封建專制統治。

奧地利帝國統治下的捷克王國和匈牙利王國，1848 年也爆發了爭取民族解放的起義和革命。捷克在十九世紀中期是奧地利帝國資本主義最發達的地區，為爭取民族獨立，1848 年六月十二日，布拉格爆發起義，被軍隊鎮壓。匈牙利在 1848 年爆發了一次轟轟烈烈的革命。三月十五日，布達布達佩斯舉行起義，領導人是匈牙利傑出的革命詩人山多爾·裴多菲。起義者發表了自己的政治綱領《十二條》，成立了領導機關公安委員會。奧皇被迫作了一些讓步，同意成立匈牙利責任內閣等，同時調動軍隊準備鎮壓。1848 年九月四日任命耶拉契希為鎮壓匈牙利革命的總司令，十一日耶拉契希率軍向匈牙利大舉進犯。匈牙利議會成立了以科蘇特為主席的國防委員會，組織人民軍隊抗擊並兩次打敗奧軍。奧皇又增派大軍反攻，1849 年一月五日布達佩斯陷落。但遷出布達佩

斯的匈牙利議會於 1849 年四月十四日宣布匈牙利獨立，科
蘇特為國家元首，五月二十一日，首都布達佩斯光復。奧皇
請求「歐洲憲兵」沙皇尼古拉一世出兵援助。1849 年五月
二十七日，俄軍派出十五萬人分兩路入侵匈牙利。匈牙利革
命軍腹背受敵，雖於八月中旬失敗，但匈牙利革命在匈牙利
和歐洲歷史上寫下了光輝的一頁。

民族自由獨立之歌 ——
1848 年匈牙利的民族解放戰

　　爭匈牙利民族解放戰爭是匈牙利人民在歐洲 1848 年革命中開展的反對奧地利封建專制統治和民族壓迫，爭取民族獨立的資產階級革命戰爭。

　　十九世紀中葉，匈牙利處在奧地利哈布斯堡封建王朝統治之下。哈布斯堡王朝在匈牙利所實行的殖民政策完全踐踏了匈牙利的主權，使匈牙利在政治、經濟、軍事和文化上完全依從奧地利，變成了奧地利的附庸國。匈牙利人民不僅受奧地利哈布斯堡王朝的民族奴役，而且受著本國大地主貴族的殘酷壓迫和剝削。隨著世界資本主義的不斷發展和奧地利資本主義勢力向匈牙利滲透，匈牙利的資本主義也逐漸發展起來。匈牙利人民強烈要求擺脫奧地利帝國的統治，消滅封建農奴制度，建立一個由匈牙利人管理的，符合匈牙利資產階級利益的統一國家，來保證匈牙利資本主義的充分發展。

　　1848 年，隨著階級抗爭的尖銳化，歐洲各國資產階級民主革命形勢日益成熟。在義大利一月革命、巴黎二月革命、維也納三月革命的影響下，三月十五日在匈牙利首都布達佩斯的匈牙利民族博物館前，匈牙利民族民主革命的強手、偉

大的詩人裴多菲冒著大雨向集中在廣場上的一萬多名起義者高聲朗讀了他寫的《民族之歌》。群眾跟著他高呼：「我們宣誓，我們宣誓，我們永不做奴隸」，從而揭開了 1848 年匈牙利民族民主革命的序幕。隨即透過了實行資產階級改革的政治綱領《十二條》，並舉行了武裝起義，控制了整個首都。隨之起義迅速從布達佩斯向匈牙利廣大城鄉蔓延，波瀾壯闊的匈牙利獨立戰爭正式展開。三月十七日，奧皇斐迪南一世被迫同意成立以資產階級化貴族為領導的匈牙利責任內閣。次日，匈牙利議會透過法令，宣布匈牙利在軍事、財政上的獨立自主和廢除農奴制等措施。

自義大利一月革命、巴黎二月革命、維也納三月起義發生後，革命勢力和反革命勢力的較量十分激烈。由於革命力量和反革命力量對比懸殊，沒有革命的理論和正確的政治路線作指導，起義先後都被反革命勢力殘酷地鎮壓下去了。到 1848 年夏天，捷克和義大利革命相繼失敗。奧皇便集中反動軍隊全力鎮壓匈牙利革命。九月十一日，三點五萬名奧軍向匈牙利大舉進攻。以科蘇特為首的匈牙利國防委員會組織國民自衛軍奮勇抵抗。二十九日，匈牙利自衛軍同奧軍決戰，一舉擊潰了奧軍，在追擊中俘虜和擊斃奧軍約一萬多人。十月七日，自衛軍又包圍了趕來救援的奧軍並迫使他們投降，再次取得勝利。繼而，追擊的匈牙利軍隊直逼奧地利邊境。

民族自由獨立之歌─1848 年匈牙利的民族解放戰

自衛軍所取得的勝利，沉重地打擊了奧地利及歐洲的反革命勢力，大大地鼓舞了匈牙利人民的抗爭熱情。

奧地利首都維也納人民為反對奧軍武裝入侵匈牙利，支援匈牙利革命，於 1848 年十月六日發動了新的起義。奧軍立即包圍維也納，於十月底鎮壓了起義。十二月中旬，奧軍在鎮壓了維也納十月起義後，又出動十一萬人從四面八方同時向匈牙利發起瘋狂進攻。雖然奧軍力量占優勢，但由於侵略戰爭是非正義的，在奧地利人民的強烈反對下，它卻無法籌集足夠的軍餉，也招募不到新兵。雖然匈牙利的部隊只有九萬人，但由於匈牙利所進行的戰爭是正義的，它得到了廣大人民的熱情支持和進步力量的同情。

匈牙利軍隊面對奧軍的進攻，準備在普勒斯堡和布達布達佩斯之間的江河、沼澤地區，利用天然屏障堅守兩三個月，遲滯和消耗奧軍。但由於天氣嚴寒，江河和沼澤已凍結，匈牙利軍隊失掉了有利的防禦條件。不到二十天，匈牙利軍隊就退到布達佩斯，多瑙河以西地區相繼失陷。為便於繼續抗戰，匈牙利國防委員會和議會遷至德布勒森，1849 年一月十五日，匈牙利首都布達佩斯陷落了，在二月下旬的卡波恩戰役中，匈牙利軍隊遭到慘重失敗。奧皇弗蘭茨·約瑟夫批准了一項新憲法，要取消匈牙利的自治權，將匈牙利重新變成哈布斯堡王朝的一個行省，妄圖將匈牙利三月革命的

成果一筆勾銷。可到四月初，匈牙利軍隊已開始大規模反攻，連戰告捷。四月十四日，匈牙利議會透過了匈牙利獨立宣言，廢黜哈布斯堡王朝的統治，宣布匈牙利獨立，科蘇特被當選為國家元首。匈牙利獨立宣言具有巨大的革命意義，它進一步鼓舞了人民群眾的鬥志，震撼了奧地利帝國的統治。十九日匈牙利軍隊在納迪沙羅戰役中粉碎了奧軍。奧軍主力被粉碎後，匈牙利軍隊本應乘勝追擊，一直攻進奧地利首都維也納，徹底消滅奧皇軍隊，恢復維也納的革命秩序。但是匈牙利軍隊沒有進攻維也納，而是於五月下旬攻克了布達佩斯。匈牙利的首都光復了，但是，也給了奧軍重整軍隊、組織新進攻的時機。

　　匈牙利革命的巨大勝利，使國際反動派大為震驚。無力鎮壓匈牙利革命的奧皇急忙請求沙皇派兵援助，沙皇俄國也竭力主張鎮壓匈牙利革命。五月二十九日，十四萬沙皇俄國軍隊兵分兩路進攻匈牙利。沙皇俄國出兵干涉，使匈牙利革命處於腹背受敵的境地。六月，十多萬奧地利軍隊又從西面進攻，這樣為數僅十七萬的匈牙利軍隊不得不與二十四萬奧俄軍隊兩面作戰。匈牙利軍隊懷著對國家的無限熱愛和對侵略者的滿腔仇恨，與奧俄軍隊進行了激烈的戰鬥，多次擊潰了奧俄軍隊的進攻。但是，匈牙利軍隊在科馬羅姆與奧俄軍隊展開的會戰中，遭到了慘重的失敗。這時，在特蘭西瓦尼

民族自由獨立之歌—1848 年匈牙利的民族解放戰

亞戰場上，貝姆將軍指揮的匈軍仍然在與奧俄聯軍進行殊死的戰鬥。這支部隊在廣大百姓的熱情支持下，採用機動靈活的策略戰術，重創了奧俄聯軍，粉碎了他們的進攻，取得了輝煌戰果。但這支疲憊不堪的部隊在七月三十一日的吉格爾什瓦爾戰役中被擊敗，裴多菲也在此役中英勇犧牲。

七月中旬，俄國侵略軍占領了匈牙利東部和東北部地區後，繼續向首都布達佩斯推進，打算在那裡同奧地利軍隊會合，兩面夾攻集中在西部邊境的匈牙利軍隊。但是，奧軍沒有理會俄軍的行動計劃而單獨向南推進，致使俄軍處於孤立無援的地步。在這種有利形勢下，科蘇特命令匈牙利軍隊總指揮戈爾蓋在科馬羅姆要塞留下一支強有力的衛戍部隊，將其餘主力部隊向西部開進，以便跟西部的匈牙利軍隊會合，共同打擊俄軍。但戈爾蓋拒絕執行命令，並暗中與俄軍頭目進行投降談判。迫於革命軍官和廣大士兵的強大壓力，戈爾蓋不得不率領匈牙利軍隊向西南推進。但當匈牙利軍隊在瓦茨迂迴到俄軍先頭部隊前面時，他不僅不指揮匈牙利軍隊打擊俄軍的先頭部隊，反而命令匈牙利軍隊向南轉移。表面上好像與西部的匈牙利軍隊會合，實際上把匈牙利軍隊引進了俄軍的包圍圈裡。八月十三日，戈爾蓋在維拉哥什向俄軍繳械投降，無恥地出賣了匈牙利的革命事業。守衛在科馬羅姆要塞的匈牙利軍隊也於九月底被迫向俄軍投降，匈牙利民族

解放戰爭最終失敗。

在投降前的八月十日，科蘇特在戈爾蓋等投降派的威脅下，交出了政權，與貝姆等其他匈牙利革命領袖離開匈牙利，流亡土耳其。

匈牙利民族解放戰爭失敗後，沙皇俄國指使奧地利統治集團和戈爾蓋叛徒集團，在匈牙利土地上恢復了舊的封建秩序，對匈牙利革命者和匈牙利人民進行了瘋狂的反攻，開始了殘酷的大屠殺。整個匈牙利處在白色恐怖之中。

匈牙利民族解放戰爭的失敗是諸多因素綜合作用的結果。不利的國際形勢和沙皇俄國的武裝干涉是失敗的直接原因，但沒有先進的階級及其政黨的領導是根本原因。同時沒有廣大農民群眾的有力支持以及沒有正確解決好匈牙利內部的民族問題也是失敗的重要原因。

匈牙利民族解放戰爭沉重打擊了奧地利和匈牙利的封建制度，推動了匈牙利資本主義的進一步發展，為被壓迫民族的解放抗爭樹立了光輝的榜樣，在波瀾壯闊的 1848 年歐洲革命史上寫下了光輝的一頁。它是具有全歐意義和深遠歷史意義的一場革命戰爭。

中途夭折的改革 ——
十九世紀中葉伊朗埃米爾‧尼扎姆的改革

十九世紀中葉，伊朗社會矛盾空前尖銳。轟轟烈烈的巴布教起義雖然被鎮壓下去了，但伊朗統治集團中的一部分人從中看到進行社會改革的必要性。他們感到如不改弦更張，伊朗勢必要淪為西方列強的附屬國。當時的首相密爾扎‧達吉汗就是這部分人的代表。

密爾扎‧達吉汗原本不是貴族出身，他曾作為伊朗外交代表團成員出使土耳其。當時土耳其政府正在進行政治改革，達吉汗考察了土耳其的改革情況，並從中得出結論：伊朗只有走改革的道路才能富強起來。達吉汗後來被國王提升為首相兼軍隊總司令，並賜予封號埃米爾‧尼扎姆。

尼扎姆改革的宗旨是鞏固中央政權，限制西方列強（尤其是英國）的勢力。他的改革首先從軍隊入手。他大力整頓軍紀，嚴懲官兵中的違紀鬆懈行為，禁止挪用士兵軍餉。為了緩和與農民的矛盾，減輕農民的負擔，他制定了具體數額，以限制各地官員和貴族對農民的剝削。

尼扎姆大力整頓國家的財政。明令禁止官場中相沿成習的貪汙賄賂、營私舞弊行為。他裁減政府中的冗員，對留用

的官員也要減薪一半。經過三年的努力，伊朗財政狀況明顯改善，消除了預算赤字。

尼扎姆還積極推動國內外貿易，凡是阻撓商人經商的地方官吏都會受到懲罰，同時為了便利商人行商，他下令在首都德黑蘭興建市場和貿易貨棧。

尼扎姆努力推動伊朗的普及教育事業，向外國選派留學生，聘請外國教授來伊朗，在首都德黑蘭建立大學。

尼扎姆堅決反對英國控制伊朗，積極採取恢復伊朗政府處理國內外事務上的獨立自主權的措施。針對英國人利用地方勢力削弱伊朗中央政府權力的做法，尼扎姆將那些依附英國人的地方州縣和其他一些重要官員撤免。當然，從一方面看，尼扎姆主張發展伊朗與俄國的關係，他認為這符合伊朗的利益。

尼扎姆的改革觸犯了伊朗封建貴族和伊斯蘭什葉派上層勢力的切身利益，從而引起他們的不滿。於是這兩部分勢力便聯合起來攻擊尼扎姆及其改革。原本支持尼扎姆改革的國王在他們的挑唆下，於 1851 年十一月免去尼扎姆的首相職務，第二年一月，國王竟下令將他處死。尼扎姆的改革中途夭折。

解決土地問題，建立農民政權——
1853 年洪秀全頒布的《天朝田畝制度》

　　洪秀全領導的太平天國革命，是中國舊式農民起義發展的最高峰。以洪秀全為首制定並頒行的《天朝田畝制度》，是中國農民第一次提出的比較系統、比較完整的土地綱領。儘管《天朝田畝制度》中包含著許多「烏托邦」的成分，但它畢竟是對存在已兩千餘年的封建地主階級土地占有制度的徹底否定。正是在這個意義上，無論把洪秀全看成是農民革命家還是改革家，他都是當之無愧的。

　　洪秀全，原名仁坤，後改名秀全。清嘉慶十九年（西元1814 年）出生於廣東花縣一個農民家庭。父親洪鏡揚是個忠厚樸實的農民。洪秀全七歲入村塾讀書，接受儒家正統教育，十六歲因家貧輟學，跟隨父兄參加過短期的農業勞動，十七歲應徵在本村當塾師，年輕的洪秀全也曾幻想透過科舉道路躋身仕途，但多次應試失敗。特別是道光十七年（西元1837 年）應試不第，竟憂憤成疾，一病四十餘天，有時竟神智恍惚。據說，他在病中寫了一首詩，「手握乾坤殺伐權，斬邪留正解民懸。眼通江山西北外，聲振東南日月邊。展爪似嫌雲路小，騰身何怕漢程偏。風雷鼓舞三千浪，易象飛龍

定在天。」近人認為這是洪仁的偽托。道光二十三年（西元1843年），他再次到廣州應試，再次失敗。多次應試碰壁，連個秀才也沒有得到，他激憤地把書扔在地上，大聲叫喊：「等我自己開科取士吧！」經過科場的數次挫折，他對清朝腐敗統治的強烈不滿，對勞動農民苦難的深切同情，與他個人科場失敗後的怨恨結合在一起，促使他尋求新的出路，邁上反抗和抗爭的征途。也就在這一年，他熟讀了基督教的傳道書《勸世良言》，充分肯定書中宣傳的「單一神權」和「平等」思想，隨後便與馮雲山、洪仁一道，創立拜上帝會。

道光二十四年（西元1844年）春，洪秀全與馮雲山到廣州附近各縣及廣西貴縣開展拜上帝的活動。他們含辛茹苦，到處宣傳，但歷經八個月之後，效果並不理想。他從實踐中認識到，缺乏必要的理論武器，難於達到預期的目的。這年冬天，他回到家鄉，又一面教書，一面創造拜上帝會的教義。道光二十五年至道光二十六年（西元1845-1846年），他先後寫了《原道救世歌》、《原道醒世訓》、《原道覺世訓》等著作。他根據基督教的教義，並引用中國歷朝掌故，在這三篇著作中，通俗易懂地宣傳了天下男人儘是兄弟之輩，天下女子儘是姊妹之群的平等思想。同時，宣布只承認基督教的上帝是「天父」、「唯一真神」，天下凡人都是上帝的「赤子」，世間如果有人自稱「天子」、「皇帝」，則是大逆不

解決土地問題，建立農民政權—1853 年洪秀全頒布的《天朝田畝制度》

道，是「閻羅妖」，並號召凡間兄弟姊妹，「跳出邪魔之鬼門，循行上帝之真道」，誅妖掃魔，即反抗清王朝的反動統治，建立一個「天下一家，共享太平」的人間天堂。

掌握了基本的理論武器以後，便進入到實際的組織階段。道光二十七年至道光二十八年（西元 1847 —— 1848 年），洪秀全利用日趨尖銳的階級矛盾，順應人民群眾要求改變困苦環境的強烈願望，與馮雲山一道深入廣西桂平紫荊山地區，發展會眾，建立根據地，設立拜上帝會的總機關，隨後頒布了《十款天條》。道光二十九年（西元 1849 年），他又與馮雲山、楊秀清、肖朝貴、韋昌輝、石達開結拜為異姓兄弟，組成起義的領導核心。

經過數年的宣傳、組織和策劃，西元 1851 年一月，金田起義正式爆發，建號太平天國。三月，洪秀全在武宜東鄉登極稱天王，九月，在永安（今廣西蒙山）封楊秀清為東王、馮雲山為南王、蕭朝貴為西王、韋昌輝為北王、石達開為翼王，擬定《太平軍目》、《太平禮制》、《太平天曆》，建立初具規模的農民政權。1852 年四月，洪秀全率領太平軍從永安突圍，北攻桂林，乘勝進入湖南，以後轉戰湖北、江西、安徽、江蘇、浙江各地。1853 年三月，攻克南京，改稱天京。這年五月，他派兵北征、西征。秋天，正式頒布《天朝田畝制度》，把太平天國革命運動推向高潮。

洪秀全主持制定並頒布的《天朝田畝制度》，以解決農民的土地問題為中心，同時也包括經濟、政治、軍事、文化、思想等多方面的改革內容。它繼承和發展了在此以前歷代農民起義的「等貴賤」、「均貧富」、「均田」等先進思想，並與流傳已久的古代「大同」思想相融合，描繪出一個「有田同耕，有飯同吃，有衣同穿，有錢同使，無處不均勻，無人不飽暖」的理想藍圖，以鼓舞和激勵千百萬農民為建立這個人間「天堂」去赴湯蹈火，推翻清王朝的反動統治。

　　《天朝田畝制度》把天下田分為九等，即上上、上中、上下；中上、中中、中下，下上、下中、下下。以一年早、晚兩季畝產一千兩百斤者為上上田，每少產一百斤降低一個等級，以此類推至畝產四百斤者為下下田。上上田一畝，可當上中田一點一畝，當上下田一點二畝，當中上田一點三五畝，當中中田一點五畝，當中下田一點七五畝，當下上田兩畝，當下中田二點四畝，當下下田三畝。根據土地肥瘠程度和收成多寡如此細密地區分等級和換算辦法，這不僅在農民起義的歷史上從未出現過，就是在歷代封建地主階級內部的土地再分配，也難於做到，這反映《天朝田畝制度》的擬定，經過了認真的調查和周密的測算。

　　《天朝用畝制度》規定：「凡分田，照人口，不論男婦，

解決土地問題，建立農民政權—1853年洪秀全頒布的《天朝田畝制度》

算其家口多寡，人多則分多，人寡則分寡，雜以九等。如一家六人，分三人好田，分三人壞田，好壞各一半。凡天下田，天下人同耕。此處不足，則遷彼處，彼處不足，則遷此處，凡天下田，豐荒相通。此處荒則移彼豐處，以賑此荒；彼處荒則移此豐處，以賑彼荒處。」「凡男婦每一人自十六歲以上受田，年逾十五歲以下一半。」《天朝田畝制度》的按人口多少分田、不論男女數量相等的規定，這是洪秀全的男為兄弟、女為姊妹的平等思想在土地問題上的具體體現。好壞調劑、豐荒調劑、此處與彼處調劑，這與他主張的不存此疆彼域之私、不起爾吞我並之念是完全一致的。當然，只強調按人口多少平均分田，忽視勞動力的強弱，反映了農民階級的絕對平等思想，不利於生產的發展，實際執行也有諸多困難，這是一種歷史的侷限性。

以平等分配土地為基礎，《天朝田畝制度》還在經濟、軍事、社會組織等方面，提出了一系列的規定。

在經濟方面，建立「國庫」（又稱「聖庫」）制度。每五家為「伍」，設「伍長」，五伍為「兩」，設「兩司馬」，五伍即二十五家設一「國庫」。允許農民每家除從事田地生產外，可養五只母雞、兩頭母豬。糧食除自食外上交國庫，由「兩」司馬保管。「凡麥、豆、芋麻、布帛、雞、犬各物及銀錢亦然。」婚娶喪葬開銷按規定從國庫領用，但不得超額。

養蠶、織布，以及陶、冶、木、石等工匠，由二十五家中人兼做。力農有賞，惰怠必罰。婚姻不論財，鰥寡孤獨殘疾由國庫負責供給，並免除勞役。這是建立在小農經濟基礎上的典型的軍事供給制。

在社會組織方面，與軍事編制合二為一。最下層的是「家」、「伍」、「兩」。四「兩」為「卒」，設「卒長」；五卒為「旅」，設「旅帥」；五旅為師設「師帥」，五師為「軍」，設「軍帥」。除「四兩」為「卒」成一百整數外，其餘皆以「五進」，「兩」司馬以上為專設的官長。同時又規定，在一「軍」內徵募兵員一萬兩千人左右，以保證戰爭中兵員的補充。由於二十五家設一國庫，「兩」司馬負責生產、財政、民事，以及宗教方面的一切事務，所以「兩」是最基本的社會組織。這種兵農合一的社會組織，雖然是為了適應農民戰爭的需要而建立的，然而把複雜多變的社會生活作如此簡單化、絕對化的處理，其弊端是顯而易見的。

應該著重指出的是，在社會變革方面，洪秀全倡導的男女平等政策，無論在土地分配、參軍參政、科舉取仕，以及文化教育等方面，都得到了認真的貫徹。在為實現農民自己的理想而犧牲的天國英雄中，有許多就是從封建桎梏下解放出來的婦女。如果把太平天國運動稱為一次偉大的婦女解放運動，這是並不過分的。

解決土地問題，建立農民政權—1853 年洪秀全頒布的《天朝田畝制度》

　　洪秀全領導的太平天國起義，沉重地打擊了清朝封建統治，他主持制定並頒行的《天朝田畝制度》，作為封建地主階級土地占有制度的對立物而存在了十餘年，其意義是十分深遠的。它啟發了後來者，使二十世紀初的革命者從一開始就集注意力於土地問題，並從它的絕對平等中吸取了必要的經驗教訓。

革新與保守兩大陣營的決戰 ——
1954 年墨西哥的革新運動

　　墨西哥 1821 年擺脫了西班牙的殖民統治取得了民族獨立。但是，獨立後的墨西哥並沒有取得預期的進步與發展。殖民地時期的社會和經濟結構幾乎依然如故。官僚、教會、軍閥沆瀣一氣統治著國家。封建大地產制依然是農村的主要土地占有形式。在這一制度下，廣大農民缺乏或沒有土地，而債役制、租佃制卻惡性發展，使農村一直處於停滯和落後的狀況。特別是天主教會。墨西哥獨立以後，教會的特權不僅沒有取消，反而得到了保護。教會的大主教和主教由羅馬教廷直接任命，不受世俗政體的干涉。教士們只承認宗法教規，不服從民政當局。長期以來，教會不僅透過對人民思想的控制，宣傳落後和愚昧，而且透過接受饋贈、借貸和出租占有大量的土地和建築等不動產。據統計，十九世紀中葉教會擁有的財產約占全國財富的一半以上。社會財富（特別是不動產）一旦落入教會手中，便退出了流通，成為死財產。所有這一切，都是墨西哥社會發展和進步的巨大障礙。十九世紀中葉革新運動的矛頭所向首先打擊的正是以教會為代表的、阻礙墨西哥社會進步的封建保守勢力。

革新與保守兩大陣營的決戰─1954年墨西哥的革新運動

　　自獨立之初起，在墨西哥的政治舞台上一直進行著自由派和保守派的激烈抗爭。保守派是殖民地時期社會經濟秩序的維護者，他們安於現狀，保護舊傳統，反對任何大的社會變革，藉以保住他們自己的特權地位。而由獨立戰爭中湧現出來的一批進步人士組成的自由派，則要求徹底變革舊的社會經濟秩序，透過改革不合理的舊傳統促進社會的進步，進而實現戰爭中廣大民眾所追求的目標。兩派的抗爭進行了幾十年，但是保守派一直占據著統治地位。十九世紀中葉後兩種因素促使這種格局逐漸發生了變化。其一是，獨立幾十年中保守派執政的實踐使人民越來越失望，越來越感到社會變革的需要。特別是四零年代對美戰爭的失利，一半以上國土的喪失，徹底暴露了保守派政治的腐敗。保守派日益失去了民眾的支持。其二是，隨著國民經濟的緩慢恢復和外國資本的滲入，民族資本的力量壯大了。深受歐美資產階級思想影響的一批進步知識分子代表著墨西哥新生資產階級的利益和要求開始加入到改革派的行列中來，大大增加了改革的力量。這樣，隨著兩大陣營矛盾的激化，決戰終於不可避免了。

　　抗爭首先從反對聖塔安納的獨裁統治開始。1854年三月一部分受獨立戰爭影響的軍官在阿尤特拉城發動起義。起義者宣布要推翻聖塔安納總統腐朽的獨裁統治，恢復自由和

從吉倫特派掌權到熱月政變

民主，並發表了起義綱領《阿尤特拉計劃》。起義的領袖是曾跟隨莫雷洛斯戰鬥過的軍官阿爾瓦雷斯和前阿卡普爾科海關關長柯蒙福特。起義得到了全國各階層民眾的積極響應，廣大民眾紛紛參軍參戰。次年八月聖塔安納看到大勢已去，逃往國外。十月，革命軍在首都附近的奎爾納瓦卡城召開會議，阿爾瓦雷斯被選為臨時總統。在新組成的政府中一批年輕的革新派領袖擔任了重要職務：胡亞雷斯任教會事務和司法部長，奧卡姆波任外交和內政部長，吉耶爾莫·普里埃托任財政部長等等。革命派的抗爭取得了初步勝利。

1855 年十一月二十三日，革命政府頒布了第一道改革法令《訴訟程式法》。法令規定，取消教會和軍隊的司法特權，教士不得參與政治，政教分離等。法令頒布後引起極大震動。保守的教會、地主和軍官們惶恐不安，他們利用威脅、叛亂等手段向革新派反攻。十二月，在保守派的壓力下阿爾瓦雷斯總統被迫辭職，將政權交給了較為溫和的柯蒙福特。柯蒙福特不贊成劇烈的社會變革，企圖使革命帶上溫和的色彩。但是，改革的中堅分子並不妥協，他們在廣大人民群眾的支持下，一步又一步將改革推向深入。

1856 年初，政府頒布了出版自由、取消行會、拆除地方關卡、實行公制度量標準等一系列法令。二月，制憲會議開幕並批准了之前公布的限制特權法令，其中包括取消教會和

革新與保守兩大陣營的決戰—1954 年墨西哥的革新運動

軍隊特權的《胡亞雷斯法》。1856 年六月二十五日，由著名的革新派領袖、財政部長米格爾．萊爾多．德特哈達起草的《關於禁止世俗和教會團體占有不動產的法令》（又稱「萊爾多法」）頒布。法令宣布，一切世俗和教會團體所占有和支配的土地及其他城鄉不動產均需在三個月內轉歸其承租人所有，如無承租者，可售予任何買主，所得款項可用作開發工、農業的投資。這一法令的執行，意味著長期以來教會等社團占有大量土地等死財產現象的結束，不僅在經濟上剝奪了教會的特權，而且使之重新投入商品流通，大大促進了資本主義的發展。1857 年二月五日，墨西哥自獨立以來的又一部憲法頒布。新憲法除重申墨西哥為代議制民主共和國外，充分肯定了改革以來所取得的各項成果，沉重打擊了封建勢力，為建立現代資產階級共和政體奠定了基礎。

改革的深入使保守派再也不能忍受了。1857 年十二月十七日，保守派軍官蘇洛阿加率部起義，宣布新憲法無效，逮捕激進派領袖，並向首都進軍。1858 年一月，柯蒙福特戰敗出逃。擁護新憲法的七十名議員在克雷塔羅城組成了以前司法部長胡亞雷斯為首的新政府。從此，以胡亞雷斯為首的革新派和以教會為代表的保守派間開始了長達三年之久的改革戰爭。起初，保守派由於教會和軍隊的支持在戰場上占據主動。後來，主動權逐漸轉向革新派一方。1859 年七月胡

亞雷斯頒布了「改革法」。改革法宣布教會是內戰的主要敵人，政府將沒收教會的一切財產用以支付戰爭的費用，同時宣布了政教分離、信仰自由、戶籍世俗化等限制教會特權的更為激烈的措施。1859 年改革法及隨後頒布的關於出版自由、改革教育、廉價出售教會土地等一系列法令和 1856 年法、1857 年憲法等一起被稱為是改革運動中最重要的文件。

從 1860 年初起，自由派勝利的曙光已開始出現。八月，保守派的軍隊首次戰敗。十二月二十五日革新派的軍隊攻占首都。1861 年一月胡亞雷斯政府由維拉克魯斯遷回墨西哥城。1861 年六月，胡亞雷斯正式當選為墨西哥總統。革新運動以革新派的徹底勝利而告終。

以儒家思想為綱領的政治運動 ——
1958 年日本的尊王攘夷運動

　　日本江戶時代（1603-1867 年）末期以「尊王攘夷」為口號，反對幕府的政治運動。尊王攘夷源於尊王論和攘夷論兩股思潮。尊王論的理論根據是儒家思想，主張尊王敬幕。攘夷論源於封建的華夷之辨思想，反對與外國通商，主張排外鎖國。二者本都是維護幕府統治的封建思想，但是江戶時代末期，由於幕藩體制危機和外來侵略引起的民族危機日益嚴重，兩股思潮結合起來，變為反對幕府和外國侵略的思想依據，形成尊王攘夷運動。尊王攘夷運動的主要參加者為下級武士、浪人、豪農富商、僧侶、神官、國學者以及公卿、大名中要求改革幕政或與幕府有矛盾的人物。

　　1853 年（嘉永六年）七月佩里來航以及次年簽訂的《日美親善條約》，暴露了幕府統治的腐敗無能，導致日本民族與外國資本主義勢力的矛盾以及雄藩大名與幕府的矛盾急遽激化。這種情況使幕末幕藩領主階級發生公開的分裂，各派政治勢力圍繞「開國」和「將軍繼嗣」兩個問題展開了激烈的抗爭。1858 年（安政五年）七月，幕府大老井伊直弼迫於外國壓力，無視朝廷拒約旨意，逕自與美國簽訂《日美友好

從吉倫特派掌權到熱月政變

通商條約》，八月又擅自擁立德川家茂為將軍，激起各階層的反對，尊王攘夷運動興起。

尊王攘夷運動的中心在長州藩，其領袖有吉田松陰及其門生高杉晉作、久坂玄端等。為了鎮壓尊王攘夷運動，從1858年十月至1859年底，幕府在京都、江戶等地大肆逮捕尊王攘夷派志士，殺害其領袖吉田松陰、橋本左內、賴三樹三郎等人，製造「安政大獄」。尊王攘夷運動乃更趨激化。為反抗幕府的高壓政策，為安政大獄的被害者復仇，尊王攘夷派水戶、薩摩兩藩的十八名志士於1860年三月二十四日刺殺井伊直弼於江戶櫻田門外，史稱「櫻田門之變」。此後各藩志士逐漸出現聯合傾向，他們不斷襲擊和焚燬外國使館、刺殺使館人員和商人，威脅和斬殺通外日商，使尊王攘夷運動在文久年間（1861-1863年）達到高潮。1861年一月十五日，尊王攘夷派志士清川八郎等刺殺了美國公使館翻譯官休斯肯。同年六月，以有賀半彌為首的十四名水戶藩浪士，襲擊了位於品川東禪寺的英國公使館，兩名英國使館人員受傷，十九名日本衛兵傷亡。1862年二月十三日，為對抗幕府的「公武合體」運動，尊王攘夷派志士在江戶城坂下門伏擊幕府志中安藤信正，安藤背部受傷，水產藩七名浪士死傷，史稱「坂下門之變」。1862年底至1863年初，尊王攘夷派頻頻活動於京都，策動天皇下詔，令幕府定期宣布「攘夷」，廢

以儒家思想為綱領的政治運動—1958 年日本的尊王攘夷運動

除與外國簽訂的一切條約，關閉港口，驅逐外國人出日本。1863 年一月三十一日，高杉晉作等人二度火燒英國公使館。六月六日，幕府被迫答應天皇，定於六月二十五日開始實行「攘夷」，並將此意布告全國。六月二十四日，幕府通告各國公使將關閉港口。尊王攘夷運動發展到鼎盛時期。1863 年六月二十五日傍晚，長州藩炮台突然炮擊通過下關海峽的美國商船，七月八日、十一日，又連續炮擊了法國和荷蘭的軍艦。七月十六日、二十日，美、法兩國艦隊先後攻打下關，進行報復。此時，長州藩主起用高杉晉作防守下關。高杉晉作打破身分限制，組織了一支由農民、市民和下級武士組成的新式軍隊「奇兵隊」。八月，薩摩藩同英國軍艦開戰，薩英戰爭爆發。受全國攘夷高潮鼓舞，久留米藩的真木和泉遊說京都朝廷，期望天皇九月去伊勢神宮祭祀時，實行御駕親征攘夷，建立舉國一致的天皇政權以取代幕府。

　　但是幕府不甘心自己的失敗，利用天皇、諸侯害怕尊王攘夷運動會打破封建秩序的心理，操縱公武合體派於 1863 年九月三十日（文久三年八月十八日）在京都發動政變，依靠會津、薩摩兩藩的兵力，將以長州志士為主力的尊王攘夷派驅逐出京都，撤職迫害三條實美等「倒幕七卿」，史稱「八月十八日政變」。在「八・一八政變」前後，土佐藩志士吉村寅太郎等人組織「天誅組」，聚集上千名志士，在大和舉

兵討幕攘夷，數千農民參加了起義，福岡藩士平野國臣等擁戴流亡的七名公卿之一澤宣嘉，在周圍地主的支持下動員農兵兩千人，於十一月二十二日在生野起義，但起義均告失敗。

　　1864 年八月十九日，久板玄端、真木和泉率長州藩兵進入京都，與幕府操縱的京都守護軍激戰於皇宮哈御門。久板玄端兵敗自殺，真木和泉退至洛南天王山後，也與十六名志士一齊剖腹自盡，史稱「禁門之變」。禁門之變是尊王攘夷運動的最後一搏。八月二十四日，幕府策動天皇下詔，以追究禁門之變為由發動第一次征討長州藩的戰爭。正當長州藩處於困境的時刻，英、美、法、荷四國聯合艦隊也於九月五日發動下關戰爭，再次進攻下關。長州藩在內外交困下，向幕府請罪投降，保守勢力重新掌握藩政，高杉晉作等尊王攘夷派被迫逃亡，尊王攘夷運動最後失敗。抗爭的失利使尊王攘夷派認識到單純依賴王室朝廷、盲目排外是不可取的，尊王攘夷運動遂向武裝倒幕轉化。

結束了文明古國的分崩離析——
1855 年衣索比亞特沃德羅斯二世的改革

　　衣索比亞在十九世紀中葉面對歐洲殖民主義的侵略和深刻的社會危機，為拯救國家於危亡，也像其他亞非文明古國一樣進行了一次改革。這就是著名的特沃德羅斯二世改革。

　　特沃德羅斯二世原名卡薩，約生於 1818 年。他出生在衣索比亞西北部誇拉的一個破落封建主家庭。卡薩早年曾在修道院學習，後因避免戰亂的攪擾跟隨母親生活。當時國家四分五裂，內戰頻繁，許多被迫流離失所的農牧民聚集山林，反對封建貴族的統治和剝削。卡薩長大後，也成為當地一支農民軍的首領。1852-1853 年，他率領軍隊征戰南北，先後打敗了在貝格姆提爾地區、戈賈姆和提格雷的封建統治勢力，力克有名的孟倫王后、阿里公爵、戈舒侯爵和威比侯爵等人。1855 年，卡薩在古城阿克蘇姆加冕稱帝，自命為衣索比亞皇帝，叫特沃德羅斯二世。自此，衣索比亞的歷史開始了一個新的時期。特沃德羅斯二世首先繼續努力完成統一衣索比亞的大業。1856 年，他經過周密的備戰，打敗了當時最大的封建割據勢力紹阿，終於結束了長達一百年的王侯紛爭時代，使衣索比亞恢復了統一和穩定，開始走上中興之路。

特沃德羅斯二世著手進行富國強兵的改革。在政治方面，力圖建立中央集權的國家。採取措施削弱各地諸侯的權力，加強皇帝的絕對權力。在地方上，由皇帝任命的總督代替往日割據一方的諸王。任命的總督都來自貴族階層，且對皇帝忠誠，並有較強的統治能力。設置的法官有獨立的執法權力。總督和法官領取的薪俸按規定標準取得，不得在管區內私自占有土地和其他財源。這些強有力措施既加強了中央的權力，又緩解了同舊貴族的矛盾，減少了改革的阻力。

　　在經濟方面，他擬定了發展經濟的計劃。在稱帝之初就確定了休養生息的政策，要求人民恢復自己祖輩的行業，商人開店鋪，農民務必務農。為了減輕農民的稅收負擔，對稅收制度也進行了一些改革。由中央統一掌管國家的全部稅收，減輕農民的捐稅。廢除政府官員和軍隊由當地農民俸養的蓋爾巴制。為消除發展貿易的障礙，減少國內各地設置的關卡，減免多如牛毛的關稅。廢除奴隸貿易，大力修建道路以利於發展貿易。這些措施的實施，使衣索比亞的經濟得到了一定的恢復和發展。

　　在軍事方面，他建立起一支統一強大的軍隊，代替了昔日諸侯的私兵。新建立的軍隊不僅人數較多，又有較好的紀律。他在衣索比亞歷史上第一次實行士兵薪給制，不讓他們依靠土地剝削、掠奪農民為生。為加強軍隊的武器裝備，提

結束了文明古國的分崩離析—1855年衣索比亞特沃德羅斯二世的改革

高戰鬥力，特沃德羅斯二世除了大量購買歐洲的火器外，更加重視引進歐洲的技術和人才。用優厚的報酬聘請法國、德國技師來衣索比亞工作，要求本國人員立志向他們學習技術，以備將來獨立承擔工作。在歐洲技術人員的協助下，衣索比亞的工人製造武器武裝了本國軍隊。例如，他們鑄造出了十二門青銅大砲，成為轟動一時的新聞。

教會在衣索比亞是最大的封建主，是造成國家長期分裂的一大因素。特沃德羅斯二世對教會也採取了一些改革措施。他頒布法令，收回了一部分教會占有的土地，對其餘的土地也同樣徵收捐稅。後來，又規定了教堂最多擁有的土地數量，超過者予以沒收。為了進一步削弱教會勢力，實行了國教政策，維護基督教唯一真神教派的正統地位，努力清除猶太教和伊斯蘭教。

特沃德羅斯二世的改革不僅結束了國家分崩離析的局面，努力建設一個統一、強大的國家，而且也使國家逐漸擺脫了落後的困境，經濟也開始有了發展，對於鞏固新建立起來的統一政權起了積極的作用。因此，衣索比亞的歷史學家們稱他為第一個「現代君主」。

這些改革政策觸犯了貴族階級的既得利益，因而遭到國內反對建立中央集權國家的反動勢力的激烈反對，同時，也遇到英國殖民主義者的阻撓。英國力圖保持衣索比亞的封建

分裂局面，以便於它對衣索比亞的侵略和控制。英國人暗中支持封建諸侯，唆使他們公開發動叛亂，反抗特沃德羅斯二世，顛覆中央政權。對教會的改革措施也引起了教權與皇權的衝突。再加上政府發動對不順從的封建主進行的討伐，增加了農民的捐稅負擔，使很多農民怨聲載道。

國內封建諸侯紛紛發動叛亂，擁兵自立。英國利用這個時機，於 1867 年發動了對衣索比亞的侵略戰爭。英軍三萬二千人在祖拉港強行登陸，得到各地封建割據勢力的支持。特沃德羅斯二世率部進行了英勇抵抗，終因力量懸殊而遭到失敗。1868 年四月間，特沃德羅斯二世率領餘部死守馬格達拉平頂山上的城堡，進行了英勇無畏的搏鬥。在英軍大砲猛轟下，城堡被毀，他見大勢已去，英勇自盡。

特沃德羅斯二世從事的統一和實現衣索比亞富國強兵的事業雖然被英國的侵略所打斷，但衣索比亞人民把他看成是抵抗殖民主義侵略的民族英雄，稱他為「馬格達拉的雄獅」。

電子書購買

國家圖書館出版品預行編目資料

歷史變革關鍵報告：農業起源、帝國改制、亂世變法、民族抗爭、宗教改革，從新石器時期到二十世紀，決定人類歷史演變的革命性事件 / 蔣耀江，林之滿，蕭楓主編 . -- 第一版 . -- 臺北市：崧燁文化事業有限公司 , 2023.03
面；　公分
POD 版
ISBN 978-626-357-134-1(平裝)
1.CST: 文明史 2.CST: 世界史
713　　　112000445

歷史變革關鍵報告：農業起源、帝國改制、亂世變法、民族抗爭、宗教改革，從新石器時期到二十世紀，決定人類歷史演變的革命性事件

臉書

主　　編：蔣耀江，林之滿，蕭楓
發 行 人：黃振庭
出 版 者：崧燁文化事業有限公司
發 行 者：崧燁文化事業有限公司
E - m a i l：sonbookservice@gmail.com
粉 絲 頁：https://www.facebook.com/sonbookss/
網　　址：https://sonbook.net/
地　　址：台北市中正區重慶南路一段六十一號八樓 815 室
Rm. 815, 8F., No.61, Sec. 1, Chongqing S. Rd., Zhongzheng Dist., Taipei City 100, Taiwan
電　　話：(02) 2370-3310　　　傳　　真：(02) 2388-1990
印　　刷：京峯彩色印刷有限公司（京峰數位）
律師顧問：廣華律師事務所 張珮琦律師

定　　價：350 元
發行日期：2023 年 03 月第一版
◎本書以 POD 印製